Această carte îți este dedicată ție.
Aspirației tale de a fi un om mereu mai bun, de a avea o viață mai senină, de a îți oferi ție și celor din jur gânduri și cuvinte frumoase. Fie ca această carte să îți fie un ghid util in călătoria ta către a descoperi gândurile și acțiunile care stau la baza unei existențe armonioase.

Îți doresc să ai alături oameni buni care se simt norocoși că ești parte din viața lor.

Adrian Carter

ISBN: 9798332436499

Prima ediție: iulie 2024

Cum să nu mai suferim

Cum să nu îi mai rănim pe cei dragi

Adrian Carter

Cuprins

Introducere 7

Principii de Bază 10

Dușmănim Prin Comparație 10

Motive pentru a aprecia diversitatea 13

Frumusețea Este În Ochii Privitorului 20

Negativitatea și Avantajele de a fi Pozitiv 23

Puterea zâmbetului 27

Generalizăm: femeile sunt materialiste iar bărbații vor doar sex 28

Prejudecăți Împotriva Afecțiunii 41

Ne Impunem Nevoile Celorlalți 45

Ce este Furia 50

Suntem Născuți Liberi 51

Ce Înseamnă "Te Iubesc" 55

Așteptările Neîmplinite 61

Aplicarea Principiilor de Bază 64

Comunicare Tragică Și Comunicare Fără Răutate 64

Dialogul Nu Rezolvă Orice Problemă 69

„Nu V-ați Iubit De Ajuns" 72

Rugămințile Pot Fi Agresive 74

Cine A Fost De Vină 75

Nu Este Despre Mine 79

Decizie Informată 83

Să Ne Spunem Povești Frumoase Despre Oameni Și Situații ca să nu suferim și să nu îi rănim pe cei din jur 85

Gânduri Mai Profunde 90

Cușca De Aur. Gelozia 90

Secerăm Mânuțele Care Îi Susțin Pe Cei Dragi 93

DESPRE TRĂDARE. Partenerul m-a înșelat 99

Să Nu Criticăm Pe Cei Ce Sunt Importanți Persoanei Dragi 102

Într-O Relație Bolnavă Sunt Două Persoane Bolnave 103

Comunicare La Următorul Nivel 106

Să Evităm Afirmațiile Categorice 106

Să Evităm Cuvintele Dure, Intransigente, Intolerante 109

Să Evităm Folosirea Cuvintelor „Dar" și „Totuși" 110

Să Evităm Folosirea Cuvântului „Nu". 111

Metoda Sandviș 113

Să Evităm Să Dăm Comenzi Celor Din Jur 115

Poate fi agresivă expresia „te rog"? 117

Poate fi abuzivă grija ce o purtăm cuiva? 118

Să Preferăm Să Ne Referim La Noi Nu La Ceilalți 120

GÂNDURI DE ÎNCHEIERE 121

Un mesaj personal din partea autorului 124

Adrian Carter

Introducere

Următoarele afirmații sunt adevărate pentru fiecare din noi:

1. Suntem programați instinctual și cultural să suferim și să îi rănim pe cei din jur, inclusiv pe cei dragi, adică pe cei care ne vor binele și cărora le vrem binele.
2. Există oameni care pășesc pe această planetă purtând cicatricile emoționale lăsate de noi.
3. Noi înșine purtăm cicatricile pe care ni le-am lăsat singuri.
4. Uneori credem că noi suntem victime, însă suntem de fapt agresori.
5. Uneori credem că suntem defecți sau că suntem de vină pentru criticile și pedepsele pe care le primim.
6. De multe ori suntem nerecunoscători pentru ceea ce ni se oferă cu drag.
7. Petrecem parte din viață încercând să reparăm greșeli pe care le regretăm sau trăind cu consecințele lor iremediabile.

Această carte încearcă să fie unul din cele mai simple manuale despre cum să ne oferim nouă înșine și celor din jur ce avem mai frumos. Adică zâmbete, gânduri frumoase, cuvinte frumoase și fapte bune. Să ne ajute să nu îi mai rănim pe cei dragi, să atragem oameni buni în jurul nostru, să nu mai pierdem oportunități în carieră, să nu mai lăsăm în urmă cicatrici și persoane care ne detestă, să promovăm valori frumoase.

Probabil majoritatea dintre noi am căutat înțelepciune și ajutor de-a lungul timpului ca să fim mai bine și să fim mai buni. Însă dacă ajutorul sau principiile sugerate nu sunt clare și ușor de urmat acestea pot crea frustrare, chiar panică și pot să nu ne ajute ci chiar să ne facă rău. De exemplu ni se spune uneori că avem nevoie de Inteligență Emoțională. Am auzit această expresie acum mulți ani și încă nu aș putea să spun sigur ce înseamnă. Este ceva ce unii pretind de la noi fără a fi ușor de înțeles ce anume.

În plus, civilizația se transformă cu o rapiditate fără precedent, fapt ce creează un stres suplimentar. Nu este ușor să ținem pasul cu timpurile și să ajustăm ori să înlocuim obiceiurile și valorile cu care am crescut, iar acest fapt poate crea frustrare și conflicte interioare sau cu ceilalți.

Scopul acestei cărți

Această carte își propune să prezinte metode **CLARE** și **SIMPLE**, valabile acum și peste generații pentru a percepe cu seninătate în general oamenii și situațiile, ceea ce ne va ajuta în a iubi mai frumos, în a fi mai toleranți și în a comunica mai plăcut și mai corect. Fără cuvinte și concepte greu de înțeles. De exemplu, cartea nu intenționează să predea tehnici de a ascunde furia în comunicare ci oferă explicații simple care să ajute să nu mai simțim furie. Dacă frustrarea nu mai există, atunci ceea ce comunicăm este implicit mai frumos.

Veți găsi principii și exemple utile pentru seninătatea noastră și a celor cu care interacționăm și chiar pentru a putea progresa în carieră într-o lume care acceptă din ce în ce mai puțin agresivitatea, negativitatea și intoleranța. Principii care au fost și vor fi valabile probabil pentru eternitate. Idei care vor salva și ar fi putut salva miliarde de oameni de la abuz sau frustrare emoțională.

Suntem oameni nu roboți - avem zile mai bune și zile mai rele. Nu putem fi perfecți, dar putem să fim mai buni per ansamblu și mai senini pentru noi înșine și pentru a contribui la o lume mai sigură, mai justă și mai senină. Ne putem dărui nouă și celor din jur mai multe zâmbete, gânduri și amintiri frumoase în loc de intoleranță, frustrare, dramă și cicatrici.

Veți observa că această carte poate ajuta și la reducerea efectelor dureroase sau de durată ale unor situații neplăcute care înainte ar fi părut devastatoare, de exemplu despărțirea. De asemenea poate ajuta la reducerea timpului de recuperare după astfel de situații, câteodată în mod aproape magic. Mai puține efecte negative nu doar pentru noi dar și pentru cei afectați de noi, în special cei dragi.

Notă

Unele personaje din această carte vor fi imaginare. De asemenea faptele reale ar putea fi modificate pentru a îmbunătăți claritatea și impactul exemplelor.

Principii de Bază

Dușmănim Prin Comparație

De multe ori îi dușmănim sau îi desconsiderăm pe cei care au nevoi diferite de ale noastre.

Câteodată ne desconsiderăm pe noi înșine dacă avem nevoi diferite de ale celuilalt sau de ale majorității.

Acest mod de a gândi este una din principalele cauze ale conflictelor armate și personale de-a lungul istoriei. Este una din principalele cauze pentru care ne facem rău singuri cu gânduri urâte și apoi îi rănim pe cei din jur, inclusiv pe cei dragi.

1. Dacă cineva este mai ordonat DECÂT NOI sau decât majoritatea, îl numim maniac. Dacă este mai puțin ordonat DECÂT NOI, îl numim mizerabil.
2. Dacă cineva își dorește mai mult în viață DECÂT NOI, îl numim avar. Dacă își dorește mai puțin decât noi, îl numim leneș sau ratat.
3. Dacă este mai sexual(ă) decât noi, îl numim obsedat sau curvă. Dacă este mai puțin sexual(ă) decât noi, îl numim bleg sau frigidă.
4. Dacă este mai afectuos decât noi, îl numim imatur. Dacă este mai puțin afectuos decât noi, îl numim indiferent.

5. Dacă are altă orientare sexuală DECÂT NOI, credem că trebuie dus la psihiatru.

Cineva spunea că Dumnezeu a lăsat o normalitate (un alt exemplu de desconsiderare, de data aceasta prin comparație cu nevoile sau valorile unei doctrine). Îi rănim cu cuvinte sau fapte abuzive pe cei care au nevoi diferite de ale noastre. De multe ori cei pe care îi rănim sunt cei dragi. La fel suntem și noi judecați (prin comparație) de cei care au nevoi și valori diferite de ale noastre, devenind astfel ținta unor gânduri, cuvinte și acțiuni care ne fac rău. Se înțelege cât de evidentă este iminența disconfortului emoțional, iminența suferinței și abuzului când gândim în felul acesta. Și câtă suferință și abuz se puteau evita de-a lungul istoriei dacă oamenii ar fi acceptat că suntem toți diferiți nu defecți.

În Londra, de exemplu, coexistă peste 150 de naționalități în pace. Nenumărate culturi, religii, stiluri culinare și orientări sexuale. Nu ar putea trăi în pace dacă nu s-ar ghida după un motto universal aplicabil:

suntem toți diferiți
și avem nevoi diferite
și suntem toți ok cât timp nu abuzăm pe alții.

Este ok să ne placă sărutările sau să le refuzăm, este ok să ne placă ordinea sau dezordinea, este ok să ne dorim carieră la fel cum este ok să nu ne placă munca, este ok să vrem copii din toată inima și este ok să nu vrem niciun copil, este ok să fim genii și este ok să nu fim la fel de inteligenți ca ceilalți, este ok să avem mai multe kilograme decât ceilalți și este ok să avem mai puține, este ok să ne placă alcoolul, este ok să nu ne placă să mâncăm carne, este ok să purtăm tocuri dacă suntem bărbați, este ok să fim gay, este ok să fim sadici cu cine își dorește asta de la noi (consimțământ), este ok să fim masochiști, este ok să nu ne intereseze sexul și este ok să iubim sexul (asexuali sau hipersexuali).

Exemple

„Cred că partenerul meu este autist."
Această afirmație poate fi neutră, obiectivă, despre individualitatea umană. Însă de multe ori poate fi folosită cu desconsiderare, cu critică, chiar cu ridiculizare sau impunere a nevoilor noastre celuilalt despre care presupunem că ar fi de vină dacă relația nu merge. Insinuăm că este defect deoarece nu are aceleași nevoi de comunicare sau același stil de comunicare ca și noi. Avem toți nevoi diferite și suntem toți perfecți pentru cineva cu aceleași nevoi. Acel partener este perfect pentru cineva cu nevoi similare de comunicare care se va simți norocos.

„Elevul care nu știe să citească este un tâmpit"
Probabil unii dintre cei mai în vârstă au prins anii în care dacă un elev nu reușea să citească la fel de bine ca ceilalți era certat, ridiculizat, intimidat sau chiar lovit de profesor. De asemenea mulți dintre noi desconsiderăm sau ridiculizăm persoanele care nu scriu corect gramatical.
Și totuși, elevul care nu reușea să citească corect și fluent poate era dislexic și nu reușea să vadă bine literele. Ori s-a născut cu un coeficient de inteligență mai redus. Iar un adult care nu scrie bine gramatical poate nu a fost la fel de răsfățat în viață ca ceilalți. Poate a trebuit să meargă cu animalele pe câmp în timp ce alții erau răsfățați cu păpuși și caiete colorate sau cu meditații private. Sau poate acel adult nu mai vede bine ori a avut un accident vascular cerebral ori o operație pe creier.

Chiar și noi ne puteam naște diferiți sau într-o familie cu greutăți ori să avem un accident sau o afecțiune medicală. Aceasta nu înseamnă că trebuie să ne trăim existența fiind abuzați de cei din jur. Poate mâine va fi rândul nostru să fim în locul persoanelor pe care le desconsiderăm azi pe baza diferențelor dintre noi. Suntem toți suflete și avem dreptul să trăim o viață senină și în siguranță, fără abuz.

Motive pentru a aprecia diversitatea

1. **Uniformitatea poate fi monotonă**

Acum câțiva ani am locuit o perioadă în zona Baker Street, una din zonele "aristocrate" ale Londrei. M-am simțit norocos să fiu la câțiva pași de Regents Park unde puteam fi zilnic în natură și între oameni de pe toată planeta veniți să se bucure de flori și păsări, să danseze, să stea pe iarbă, să se plimbe cu barca, să joace tenis etc. Totuși, în cartierul de locuințe am observat uniformitate. Majoritatea eram persoane comune (albi, în general europeni) iar magazinele din zonă erau implicit pentru acest tip de populație. Se găseau aproape exclusiv alimente și alte produse standard.

M-am simțit încorsetat - să fiu lipsit de diversitatea de produse și oameni din alte cartiere multietnice cum sunt Brixton sau Peckham. Chiar spuneam cuiva în glumă că în Peckham poți găsi și pești cu zece ochi dacă îți dorești - nenumărate feluri de zarzavaturi, fructe, pește și îmbrăcăminte din toate colțurile planetei, condimente nemaivăzute și nemaiauzite. Zeci de varietăți de fasole din toate colțurile pământului. Fascinant. Mi-a plăcut mult să văd pe stradă în zona Peckham într-o zi însorită unii oameni îmbrăcați în straie tradiționale africane sau indiene, arabe, asiatice. Mă enluziasmează să fiu într-un cartier multietnic, parcă aș fi într-o ilustrație idilică în care oamenii de toate felurile și animalele au ajuns să conviețuiască în pace. Deci uniformitatea poate fi plictisitoare, monotonă.

2. Diversitatea poate aduce toleranță și pace

Vă propun să ne imaginăm că suntem o minoritate sexuală, culturală, etnică sau religioasă. Și că în forțele de poliție există cineva care este din aceeași minoritate ca și noi. Acel ofițer de poliție probabil ne va înțelege mai bine atunci când vom avea un conflict în familie care ține de cultura sau religia în care am fost crescuți. Tot el/ea îi va putea ajuta și pe colegii săi ori pe un judecător să ne înțeleagă mai bine. De asemenea acel polițist va putea să vorbească mai pe înțelesul nostru sau pe limba noastră atunci când încearcă să ne ajute sa ne liniștim sau să ne explice concepte legale si morale. Diversitatea în instituțiile guvernamentale poate reduce discriminarea, rasismul și înlesnește comunicarea între instituții și cetățeni. De asemenea un polițist de o anumită etnie sau orientare sexuală poate reprezenta și apăra drepturile minorității din care face parte. O poate face în mod activ dar o poate face și în mod pasiv, adică prin simpla sa prezență care poate descuraja manifestările discriminatorii fățișe și deciziile extreme.

Diversitatea poate duce la toleranță. Ne putem imagina că vedem în fiecare zi oameni de diverse etnii, naționalități, sexualități sau am copilărit și am studiat lângă acești oameni. Ne sunt colegi și prieteni și am văzut că sunt oameni ca și noi, iubesc ca și noi, râd ca și noi, plâng ca și noi, sunt suflete ca și noi. Iar probabil unii dintre ei ne-au fost alături când nimeni altcineva nu a făcut-o. Este mult mai puțin probabil să disprețuim ceea ce ne este familiar și chiar drag.

3. Diversitatea poate ajuta inovația

Cartierul Brixton din Londra a găzduit și atras mulți emigranți și refugiați proveniți de pe mai multe continente. Datorită acestui amestec bogat de influențe de pe toată planeta, Brixton a ajuns renumit pentru nașterea a genuri noi de muzică, mâncăruri noi și trupe de muzică inovative. Diversitatea poate fi benefică și pentru creativitate nu doar pentru toleranță.

Oamenii se pot completa unii pe alții chiar și cultural. Posibil că acum suntem mai buni pentru că am învățat ceva nou de la cineva care nu a crescut în regiunea noastră. Și poate și acel cineva este un om mai bun datorită a ceea ce a văzut sau auzit la noi.

4. Diversitatea susține supraviețuirea speciei

Te-ai întrebat vreodată de ce unii nu simt nimic când privesc un tablou care pe alții îi emoționează profund?

Se pare că scopul naturii este să fim diferiți genetic pentru a ne putea adapta cât mai bine mediului înconjurător (așa am reușit să avem un creier din ce în ce mai mare și mai capabil).

De asemenea, diversitatea genetică susține supraviețuirea speciei în fața diverselor amenințări care ar putea apărea. De exemplu dacă ar apărea un virus letal în produsele din carne, unii nu ar fi afectați pentru că nu le place carnea. Apoi chiar și cei cărora le place carnea vor fi diferiți genetic și nu pe toți îi va afecta la fel. Există oameni pe planetă care nu pot contacta anumite virusuri pentru că celulele lor au anumite variații devenite calitate – de exemplu pe suprafața celulei lipsește un receptor de care virusul ar avea nevoie pentru a se putea atașa.

Deci se pare că diversitatea este intenționată și necesară. De aceea suntem toți diferiți, toți pe un spectru infinit. Din trei frați probabil unul adoră un condiment iar celălalt îl detestă sau îi este indiferent. La fel de diferiți suntem în preferințele vestimentare, romantice, sexuale, în cât de mult ne place natura sau ce gen de muzică ne place, cât de mult iubim banii, cadourile sau atenția celorlalți, cât de îndrăzneți suntem etc. Un spectru infinit de nuanțe.

Suntem toți diferiți și perfecți pentru cineva cu aceleași nevoi.

Este o bucurie pentru mine să întâlnesc nuanțe diferite de oameni. Ar fi plictisitor și chiar vulnerabil să fim toți la fel. Expresia "Celebrarea diversității" este cu atât mai adevărată când ne referim la supraviețuirea speciei și la bucuria de a nu fi într-un mediu uniform și monoton.

Unde duce ura prin comparație

În afară de abuzul cotidian la care îi putem supune pe ceilalți sau la care putem fi supuși (exemplu: tu ești curvă, tu ești bleg), de-a lungul istoriei s-au produs nenumărate abuzuri datorită dușmăniei prin comparație.

De exemplu homosexualii au fost uciși, torturați, încarcerați, castrați chimic sau internați în spitale de boli mintale. Soartă similară au avut și cei de alte sexualități sau alte moduri de a iubi. Au fost persecutați și cei care erau de altă religie sau etnie. Femeile au fost agresate sau ofensate pentru că au vrut să poarte pantaloni sau costum de baie. Se pare că în anii 1750 un bărbat a fost umilit în Londra pentru că a îndrăznit să folosească o umbrelă, gest ce era considerat semn de slăbiciune, efeminat și dezgustător pentru un bărbat. În unele țări bărbații au fost închiși pentru că au îndrăznit să poarte barbă sau părul mare.

Cum să nu îi rănim pe cei dragi

Este posibil să credem că cineva care simte nevoia să fie masochist sau sadic are nevoie de un psihiatru chiar dacă nu abuzează pe alții. Și totuși, această persoană poate să fie fericită lângă cineva care ARE NEVOIE exact de aceste trăsături. Este și această persoană suflet și cât timp nu abuzează pe alții este perfectă. Sugerez să urmăriți filmul "Secretara" în care o masochistă se angajează din întâmplare la un sadic. Oameni care se condamnau singuri pentru felul în care erau până au găsit pe cineva care avea nevoie de ei exact așa cum erau. Ce frumos este să fii iubit pentru ceea ce ești și să găsești pe cineva care are nevoie de ce ai tu de oferit - fără conflicte, fără critică, fără abuz, fără sacrificii, explicații, cerșit, negociere, forțare, autocritică etc.

Genocidul din Cambodgia a exterminat aproape **un sfert** din populația țării. Unul din motive era generalizarea care spunea că cine nu lucrează în agricultură sau cine este intelectual este o persoană dezgustătoare sau periculoasă pentru națiune. Se pare că au fost ucise persoane cu facultate, oameni care știau limbi străine sau chiar și doar pentru că purtau ochelari.

Să poți fi tu însuți fără teamă

În din ce în ce mai multe locuri ale lumii dacă un bărbat simte să se rujeze, să îmbrace o fustă mini și să plece la serviciu unde să ceară să i se spună Maria, este în general acceptat. Nu este permisă ridiculizarea colegilor. Ridiculizarea este o formă de abuz (bullying). Cei care nu respectă regula riscă ședințe jenante și încordate cu departamentul de resurse umane, avertismente și chiar concedierea. De asemenea, comportamentul lor intolerant poate pune într-o lumină negativă compania sau organizația la care lucrează putând fi afectată grav în țările în care societatea per ansamblu boicotează entitățile care abuzează sau discriminează.

Colegii de serviciu sunt mai puțin predispuși să se ridiculizeze între ei dacă trăiesc într-un oraș în care diversitatea este un fapt zilnic iar toleranța este un element important în cultură și în legislație. Am întâlnit bărbați travestiți care sunt directori ai unor companii private sau ai unor instituții de stat și care ies nestingheriți la evenimente sociale sau profesionale îmbrăcați sau machiați așa cum simt, iar ceilalți îi tratează cu incluziune și respect. Legea impune de multe ori diversitatea etnică, religioasă, de orientare sexuală, printre altele, pentru a preveni discriminarea și a promova incluziunea și șansele egale. Am observat mai devreme că diversitatea poate încuraja inovația, creativitatea și toleranța.

Este mai puțin probabil să îi desconsiderăm și să îi abuzăm pe ceilalți ori să fim desconsiderați și abuzați dacă vom ști că suntem toți diferiți, că avem nevoi diferite și suntem toți ok cât timp nu abuzăm pe alții. Și fiecare din noi este perfect și chiar o binecuvântare pentru cineva cu aceleași nevoi.

Și tu ești ok și eu sunt ok.

Să poți fi tu însuți (autentic)
fără scuze

Este frumos să nu mai căutăm ce este defect sau patologic în noi ori în ceilalți. De exemplu cineva spunea că are nevoie de multă afecțiune pentru că nu a primit destulă dragoste de la părinți. Desigur că este o teorie plauzibilă. Însă este și un mod fatalist și autocritic de a privi diversitatea ca pe un defect. Chiar de a se scuza pentru că este diferit(ă) de ceilalți. Această persoană este perfectă pentru cineva care adoră să ofere afecțiune. De asemenea această persoană poate că s-a născut sensibilă (adică sensibilitate genetică). Deci nu este sensibilă datorită unor traume emoționale. Majoritatea pisicilor sunt afectuoase din naștere, nu pentru că nu ar fi avut parte de afecțiune de la mama lor, așa cum mulți câini Pitbull Terrier sunt înclinați spre agresivitate din naștere nu datorită unor traume. Nu toți, desigur - și ei sunt diferiți, pe un spectru - fără generalizări.

Suntem toți diferiți și avem nevoi diferite și suntem ok cât timp nu abuzăm pe alții. Nu sunt doi vecini la fel. Dacă cineva are nevoi sau trăsături diferite de ale noastre nu înseamnă că este defect ci doar diferit. La fel cum noi suntem diferiți de ceilalți, nu defecți. Diversitatea nu înseamnă implicit patologie cât timp nu abuzăm pe nimeni.

Frumusețea Este În Ochii Privitorului

O altă cauză de frustrare (suferință emoțională), stimă de sine scăzută și desconsiderare a celorlalți este modul în care percepem frumusețea și valoarea unei persoane.

Eu nu sunt frumos sau urât, sunt cum mă vezi tu.

Pentru unii sunt respingător deși nici nu am apucat să spun un cuvânt, iar pentru alții sunt deosebit de plăcut sau atrăgător. Nici măcar nu ține de frumusețea sau valoarea celui care mă percepe. Am încetat de mult să mai cred că sunt frumos sau urât. Sunt cum mă vezi tu. Dacă nu îți plac nu este nicio dramă, nu poți comanda inimii pe cine să îndrăgească. Nu o voi lua personal pentru că nu este despre mine sau despre „frumusețea" mea, ci despre cum mă percepi tu. Pentru următoarea persoană probabil voi părea un înger.

Exemple
Frumusețea și valoarea

O altă prejudecată este să gândim că nu suntem destul de valoroși pentru a fi iubiți de cineva care pare mai frumos sau mai valoros decât noi. Cum spuneam, eu nu sunt urât sau frumos, sunt cum mă vezi tu. Cineva nu îmi suportă chipul iar altcineva ar face orice ca să mă poată îmbrățișa. Eu nu sunt ratat sau realizat, sunt cum mă vezi tu. Și asta nu ține de comparație financiară sau profesională. Fiecare vede altceva în mine sau în tine.

La vârsta de 21 de ani am ales să o îndepărtez pe femeia pe care o iubeam nespus. Credeam că merita mult mai mult. Eu eram la începutul carierei, un salariu minim pe economie și aveam doar banii de salariu și hainele de pe mine. Fata de care vorbesc avea 24 de ani și credeam că era la vârsta de căsătorie. Mi se părea de o gingășie rară la chip și la suflet. Mi-a fost teamă să fiu egoist și am decis eu pentru amândoi. Am îndepărtat-o. Ani de zile am lăcrimat la propriu de dorul ei iar dacă o întâlneam sau o zăream prin oraș căutam să mă așez undeva jos ca să nu cad din picioare de emoție. Peste un an de zile de la separarea noastră s-a căsătorit cu un alcoolic care nu era mult diferit financiar de mine și care a devenit curând după aceea violent. Am crezut că ea merita și își dorea mai mult când de fapt probabil că a primit mai puțin. Atunci am înțeles că ea nu avea aceleași nevoi și valori pe care îmi imaginam eu că le are. Am realizat că nu trebuie să decid eu pentru celălalt. Și că frumusețea și valoarea sunt în ochii privitorului. Fiecare vede altceva în noi și fiecare are alte nevoi care de multe ori nu sunt cele pe care ni le imaginăm noi.

Ceea ce am făcut acolo cu acea tânără este numit de unii proiecție - adică am proiectat pe ea ca pe un ecran de cinema filmul creat de mine. Și îl priveam ca și când ar fi fost parte din ea. Așa cum am putea ilumina un cățel alb cu o lanternă care are o mască de pete întunecate și am crede că acel câine este dalmațian. Sau când suntem convinși că cineva nu ne mai iubește deși probabil realitatea este că suntem foarte importanți pentru acea persoană.

De necrezut?

Cincisprezece ani mai târziu am plecat din țară căutând o viață mai bună și mai justă pentru mine și cei dragi. Nu am știut că am ajuns în Italia într-un moment de criză economică acută. Am ajuns să mă străduiesc să supraviețuiesc. În acea perioadă am întâlnit o tânără despre care majoritatea ar fi de acord că era frumoasă, cu o minte sclipitoare și un suflet de aur. După un timp mi-a dezvăluit că avea poziții cheie în organizații internaționale de mare greutate. O carieră de invidiat pentru vârsta ei. Eu pe atunci eram șomer într-o perioadă grea a vieții în care mă simțeam un nimeni.

Era fascinată de mine, îmi împărtășea cât era de entuziasmată de faptul că ne potriveam atât de mult sufletește și intelectual deși am copilărit la mii de kilometri distanță. Cu toate acestea eu nu înțelegeam ce vedea la mine, prejudecățile mele despre valoare încă erau destul de intense. Nici nu trebuia să înțeleg. Frumusețea și valoarea sunt în ochii privitorului și fiecare apreciază altceva. Puteam să îi spun: "Nu înțeleg ce vezi la mine, nu vezi că eu nu sunt de tine? Nu vezi că sunt șomer?" Am încercat să nu spun asta, am încercat să nu mai decid eu ce valoare am. Am lăsat-o să se bucure de mine în felul în care mă vedea ea.

„*Nu vezi ce sâni urâți am?*"

Îi spuneam partenerei mele de acum câțiva ani ce mult îi ador sânii și ce mult îmi place să îi sărut. De multe ori reacția ei la entuziasmul și complimentele mele era să mă certe pentru că nu vedeam pesemne ce sâni lăsați și „zbârciți" avea. Mă dureau cuvintele ei, mă făceau să mă simt mincinos. Era trist că se desconsidera în felul acesta. Pentru mine era frumoasă - așa o vedeam eu, era îngerașul meu. Plus că am fost întotdeauna atras de femeile de peste patruzeci de ani, chiar dacă unii ar fi cu siguranță de altă părere. Îmi era greu să nu îmi pot exprima afecțiunea și admirația, iar când o făceam să nu fie binevenită. Trist, nu? Să ne facem rău cu prejudecățile societății despre frumusețe și să îi rănim cu prejudecățile noastre și pe cei dragi (victime colaterale).

Un alt risc este că în cele din urmă îi putem convinge pe cei dragi, pe cei din jur, chiar și pe angajatori că nu îi merităm, că au primit mai puțin, că sunt orbi și merită mai mult. Oare asta ne dorim? Nu este mai logic și mai senin să îi lăsăm pe ceilalți să se bucure de felul în care ne văd atunci când ne văd într-un mod plăcut? Frumusețea și valoarea sunt în ochii privitorului. Nu suntem frumoși sau urâți, suntem cum ne vede fiecare.

Negativitatea și Avantajele de a fi Pozitiv

O parteneră îmi spunea că dacă i-aș trimite numai mesaje frumoase în fiecare dimineață, probabil primul lucru pe care l-ar face când s-ar trezi ar fi să ia telefonul în mână ca să vadă ce i-am scris, așa cum unii fumători înrăiți se trezesc cu gândul la pachetul de țigări. Eu îi trimiteam mesaje și pozitive și negative, poate mai mult negative.

Oamenii îi avantajează în general pe cei pozitivi.

Dacă zâmbim și spunem lucruri frumoase, înseamnă că:

- suntem sănătoși mintal (nu suntem depresivi, paranoici, fataliști, violenți, veșnic nemulțumiți, consternați, superiori, iritabili etc);
- avem succes în viață (pentru că nu mai râdem cu ușurință dacă urmează să ne ia la închisoare sau dacă nu putem plăti facturile);
- suntem sănătoși fizic (pentru că dacă ne doare ceva sau suntem îngrijorați putem vedea viața mai gri);
- se pot apropia de noi fără teama că îi vom răni.

Oamenii sunt atrași inconștient de calitățile acestea care transmit sănătate mintală și mentală, sănătate fizică, entuziasm și succes. Se vor simți atrași de genele noastre pentru urmașii lor sau ai grupului lor. Includem aici și organizația la care ne pot angaja. Poate cel care ne angajează o face crezând inconștient că aduce gene bune în tribul (organizația) din care face parte, pentru sănătatea și siguranța colectivă.

Ne ferim uneori instinctual de persoane cu defecte fizice și afecțiuni vizibile. La fel cum ne ferim uneori instinctual de persoane ce par a avea afecțiuni invizibile care îi împiedică să fie echilibrați.

Dacă suntem pozitivi vom avea de câștigat în relația de cuplu, în societate și în carieră. Vom observa cum poate la un interviu ne aleg pe noi pentru că zâmbeam și păream "de gașcă" în timp ce resping pe altcineva mai bine pregătit dar negativ, morocănos, intolerant la interviu sau pe profilul social media. Eu când merg la serviciu poate să tune și să fulgere afară, voi încerca să găsesc ceva frumos de spus.

Există aproape întotdeauna ceva frumos în jurul nostru sau în viața noastră de care să vorbim în loc să alimentăm conversația cu negativitate: "ce urâtă este vremea azi, ce proastă este aia, ce viață urâtă, ce plictisitor este bărbatul ăsta, nu suport pisicile, ce pizza proastă au aici, ce urât ai montat draperia, ce culoare oribilă, prietenii sunt perverși, sora mea este o mizerabilă, o să vezi tu că o să fie rău, ce cizme urâte are aia, colegii mei sunt bătuți în cap, bărbații sunt niște idioți, nu suport copiii, lasă-mă că sunt supărat(ă), mama lor de politicieni, cum poți să porți fes vara, iar m-am certat cu mama".

Unde putem găsi ceva frumos de spus?
De exemplu:

- în cameră (ce mult îmi place culoarea parchetului);
- afară (ce zi frumoasă, ce bine că plouă pentru melci și pentru plante, ce palton frumos are doamna);

- în prezentul meu (mă bucur că sunt liber, sănătos, că am ce mânca, am liber azi, primăvara este anotimpul meu preferat, ies la plimbare cu amica mea dragă);
- în trecutul meu (ce frumos a fost la grătar);
- în viitor (de-abia aștept să mergem la mare, mi-e dor de masa de Crăciun).

Nu-i așa că este mai frumos când ne oferim în primul rând nouă iar apoi celorlalți buchete de flori în loc de spini? Când oferim gândurile și cuvintele noastre cele mai frumoase, când oferim ce este mai bun în noi?

Provocare: găsiți ceva frumos de spus despre un sport pașnic care nu vă place. De exemplu: este frumos că păstrează tradițiile. Apoi găsiți ceva frumos de spus unei persoane care v-a trimis o melodie care nu vă place.

Efecte mai puțin așteptate ale pozitivității și negativității

Dacă întâlnesc o persoană negativă, morocănoasă, nemulțumită care mă place, încerc să nu mă apropii prea mult. Nu doar că mi-ar fi greu să fiu lângă o persoană veșnic nemulțumită sau nervoasă, dar cred că este doar o chestiune de timp până să îmi vină și mie rândul să fiu ținta nemulțumirilor sale. De asemenea, negativitatea îi va afecta probabil cariera și o va izola social. Și de asemenea probabil cu toții ne-am dori să fim lângă un partener sau coleg care zâmbește mereu și ne spune că va fi bine, că nu este nicio problemă etc.

Am început să șterg în general din librăria mea melodiile depresive, triste, sau în care cineva își plânge de milă. Îmi doresc să îmi ofer gândurile cele mai frumoase mie și celor din jur, iar acest tip de melodii nu mai corespunde în general cu filosofia mea de a oferi și a primi ce este mai frumos în noi. Îmi doresc să am gânduri senine pentru mine și cei din jurul meu și să ascult în general melodii senine și pozitive sau despre recunoștință.

Exemple de negativitate
„Lasă-mă în pace, nu vreau să privesc porcării de filme"
„Animalele sunt mai bune decât oamenii"
„Tinerii de azi sunt deplorabili"

Exemplu de pozitivitate
Am privit un film în care un bărbat de douăzeci de ani s-a îndrăgostit de o femeie de patruzeci. După un timp s-a îndrăgostit și ea de el în ciuda prejudecăților ei despre diferența de vârstă. În timpul unui moment intim de sărutări ea i-a spus lui cu regret că el nu este primul bărbat din viața ei ci al cincilea. La care el a răspuns „*deci sunt unul din norocoși*".

Ce gând frumos și-a oferit și ce cuvinte frumoase a împărtășit. Ce frumos să navigăm prin viață cu seninătate, recunoștință și zâmbet. Să ne spunem povești frumoase despre situații și oameni ca să nu suferim și să nu îi rănim pe cei din jur, în special pe cei dragi.

Există și „pozitivitate" agresivă ori negativă?

Multe persoane au auzit despre noțiunea de pozitivitate și zâmbet și au înțeles că este ceva la modă. Unele din aceste persoane încearcă să aplice acest principiu care sună bine, însă îl pot aplica într-un mod stângaci. De exemplu cineva poate spune: „Nu mă răsfățați cum merit. Sunteți toți niște idioți. Dar am ales să vă zâmbesc de sus și să nu îmi pese."

Înțelegeți acum cât de ușor putem crede că suntem pozitivi și victime când de fapt suntem negativi și agresori.

Puterea zâmbetului

Eram fotograf la o nuntă. Una din tinerele invitate îmi părea foarte drăguță. Mă fascina atât de mult încât nu mă săturam să o privesc discret. Mi-am dat seama că zâmbea fără pauză. Nunta a continuat seara la restaurant unde până dimineață deja aflasem de la alți invitați din ce oraș era și că nu părea să fie într-o relație.

O singură dată am văzut-o fără să zâmbească, spre dimineață. Wow, ce șoc am avut. Nu era deloc genul meu, chiar am simțit o oarecare repulsie. În acel moment mi-am dat seama câtă putere poate avea un zâmbet. Mi-am propus să zâmbesc și eu mereu cum văzusem la ea. La început aveam impresia că par ridicol când zâmbeam fără motiv. Poate pentru că nu eram obișnuit să zâmbesc și să văd în jur oameni zâmbind. Și totuși m-am străduit. A dat rezultate? Chiar da. Am început să primesc mult mai multe oferte de joburi ca fotograf la următoarele evenimente. Eram abordat chiar în timpul nunților, iar mulți din miri îmi spuneau că prietenele și cunoscutele lor se simțeau atrase de mine și le puneau întrebări despre mine. Nu îmi venea să cred cât succes poate aduce un gest atât de simplu și gratuit: zâmbetul.

Generalizăm: femeile sunt materialiste iar bărbații vor doar sex

Dacă ne gândim sincer probabil că nu avem doi vecini de casă sau de apartament care să fie identici. Sau doi colegi de serviciu. Adică la fel de romantici, de generoși, de harnici, de îndrăgostiți de natură sau de bani etc. La fel cum probabil nu tuturor vecinilor le place carnea de vită. Acești oameni sunt diferiți deși cel mai probabil sunt de aceeași naționalitate, etnie și religie ca și noi.

Și totuși, în viața de zi cu zi facem generalizări care presupun că zeci de milioane de oameni dintr-o națiune sau dintr-o categorie ori grup sunt la fel. De multe ori generalizările se mai numesc stereotipuri. Mulți generalizăm despre națiuni, etnii, religii, sexe, sexualități, vârste, zodii, orașe, culoarea părului etc.

De exemplu cineva poate spune că italienilor le place pizza. Și totuși și italienii sunt la fel de variați ca orice alt grup. Unora pizza le provoacă repulsie. Sau poate cineva ar spune că cei dintr-o anumită națiune (de exemplu cea în care s-a născut) sunt oameni buni la suflet. Și totuși în acel popor sunt și închisori pline de criminali. De asemenea nu putem generaliza nici că toți cei din închisoare sunt oameni răi. Unii minori au ales să ia asupra lor crima unei mame abuzate ca să îi salveze pe ceilalți frați și surori de la a ajunge într-un orfelinat.

Suntem toți diferiți și în general ne place să credem că suntem unici. Totuși mulți din cei din jur cred că suntem identici cu colegii noștri de serviciu pentru că suntem aceeași zodie ori venim din același oraș sau avem aceeași profesie. Deci este frumos și just să spunem că **UNII** sau **MULȚI** italieni adoră pizza, sau că mulți italieni au suflet bun.

În orice grup destul de mare există oameni care vor să ne facă bine și oameni care vor să ne facă rău. Indiferent pe ce criterii este ales grupul: sex, naționalitate, rasă, religie, zodie etc. De aceea naționalitate sau zodie, de exemplu, sunt etichete care ar trebui să nu însemne stereotipuri (uniformitate) pentru noi. Ci să încercăm să aflăm cum este o persoană ca individ. O persoană poate fi atipică. Există multe persoane care sunt foarte diferite de familia sau grupul în care s-au născut și nu se identifică cu ele.

Este corect să nu generalizăm calități sau defecte ci să recompensăm sau să pedepsim oamenii individual pentru ce au făcut ei nu pentru ce se spune despre grupul din care fac parte. Generalizarea duce în general la discriminare și greșeli, iar în cele mai extreme cazuri a dus la crime sau chiar genocid. Este absurd să creadă cineva că familia sau rudele noastre au vreo vină pentru ce am greșit noi. Sau că vecinul meu trebuie arestat pentru greșelile făcute de mine pentru că suntem amândoi de aceeași etnie.

Generalizarea unor cazuri izolate sau inventate este încă unul din factorii care au făcut posibil un genocid care a exterminat zeci de milioane de oameni nevinovați. Și câte alte atrocități și nedreptăți de-a lungul istoriei datorate generalizării. Observați la ce nedreptăți și chiar pericole poate duce generalizarea. Ne poate împiedica într-o zi să cunoaștem adevărul despre o persoană minunată.

Tot generalizarea ne poate amăgi să neîndreptățim un om nevinovat. Poate chiar și tu ești neîndreptățit sau neîndreptățești pe cei din jur datorită generalizării.

Exemple de generalizări

„Zodia X este încăpățânată"
Statistic se nasc peste 400.000 de bebeluși într-o singură zi pe toată planeta sau peste 12.000.000 într-o lună. Credeți că este cu adevărat posibil ca toți oamenii aceștia să fie identici? Desigur că nu. Unii vor ajunge criminali iar alții vor fi altruiști și pacifiști, unii sunt mai ordonați alții mai puțin etc.

„Copiii aduc fericire în cuplu"
Cunosc persoane care nu vor să aibă copii și ar putea deveni depresive dacă ar avea copii. Și cunosc persoane care chiar au căzut în depresii puternice după ce au avut copii cu intenție sau accidental. Suntem toți diferiți și avem nevoi diferite.

„Ești nepriceput(ă) în dormitor"
Fiecare este perfect pentru cineva cu aceleași nevoi. Sau pentru cineva cu aceeași chimie. Nu auzim de campionate de sex pentru că sexul este altceva pentru fiecare din noi.

„Oamenii buni nu sunt apreciați"
Un mod negativ, chiar fatalist de a gândi care ne poate umple de multă tristețe. Desigur că este o afirmație falsă. Există mulți oameni care ne apreciază și ne ajută. Probabil ei sunt deja în viața noastră sau așteaptă clipa când ne vor întâlni.

„Persoanele stângace sunt mai creative decât cele dreptace."

Exemple de *reformulare*
Acestea sunt câteva variante prin care putem evita generalizarea în gândire și comunicare.

„Când te distrezi uiți de frig"
„Eu când mă distrez uit de frig"
„Mulți oameni uită de frig când se distrează"

„Natura ne încarcă cu energie pozitivă"
„Multora le face bine să fie în natură"

„O femeie are nevoie de preludiu"
„Eu am nevoie de preludiu"
„Multe femei au nevoie de preludiu"

„Femeilor le plac cadourile"
„Mie îmi place să primesc cadouri"
„Multor femei le place să primească cadouri"
„Unora dintre femei le place să primească cadouri"

„Bărbaților le plac automobilele și femeile cu sânii mari"
„Unora dintre bărbați..."

„Elevii români sunt buni la matematică"
Mulți olimpici internaționali sunt români"

„Felul în care îți miști coapsele în timp ce dansezi nu este sexy"
„Cred că nu mulți ar considera sexy felul în care îți miști coapsele"

„Îmbrățișările fac bine"
(nu și dacă persoana nu suportă atingerea altora)
„Mie îmi plac îmbrățișările"
„Multora le plac îmbrățișările și le fac bine"

„Străinilor le place țara noastră"
„Prietenei mele din străinătate i-a plăcut vizita în țara noastră"

De ce generalizăm

Desigur că există mai multe cauze pentru care oamenii generalizează. Unele dintre cauzele principale sunt erori logice.

1. Selection Bias (eroare de selecție)

Aceasta se întâmplă atunci când lotul pe care facem evaluarea nu este reprezentativ. Dacă am întâlnit trei francezi aroganți nu înseamnă că toți francezii sunt aroganți. În Franța oamenii sunt diferiți ca în orice alt grup. Într-un bloc de apartamente fiecare vecin este diferit de celălalt deși sunt toți de aceeași naționalitate. Unul este mult mai amabil decât celălalt, de exemplu. Suntem toți pe un spectru.

Prin analogie, deși se poate crede despre cei de anumite religii că sunt fanatici, agresivi și discriminează femeile, există desigur foarte mulți oameni în orice religie care nu ar face rău unei muște și de asemenea își respectă și își iubesc partenerele sau participă la campanii pentru drepturile femeilor. De asemenea în orice religie există persoane care sunt agresive și își terorizează partenerele sau discriminează femeile în general. Iar etnia? Milioane de evrei și romi nevinovați au fost uciși din cauza generalizării. Doar două dintre multele exemple.

2. Confirmation Bias (eroare de confirmare)

Dacă avem o teorie în care credem cu tărie, căutăm în general conștient și inconștient situațiile sau persoanele care ne "confirmă" teoria și nu vom da importanță dovezilor care o infirmă. Dacă credem că pisicile negre aduc ghinion, vom uita cele douăzeci de zile în care am văzut o pisică neagră și nu am pățit nimic. Și probabil ne vom aduce aminte cu intensitate singura zi în care s-au întâmplat și pisica și ceva nefericit în aceeași zi.

Unele persoane sunt atât de înflăcărate în a crede în teoria/generalizarea lor încât vor găsi explicații și pentru excepțiile care le infirmă teoria. Dacă cineva crede cu tărie că în localitatea X oamenii sunt răi, atunci probabil vor spune despre oamenii buni din acea localitate că au strămoși din alte localități. Sau vor spune despre o persoană atipică dintr-o anumită zodie că este diferită de trăsăturile zodiei pentru că are ascendent în altă zodie.

Câteodată suntem atât de convinși de credințele noastre încât vom ignora nenumărate surse de încredere dacă ele ne infirmă teoria. În același timp poate ne vom agăța de un articol obscur de pe un blog sau social media ca și când ar fi adevărul absolut, chiar dacă acela este singurul care ne susține credința. În unele țări se pare că în prezent sau până nu demult unele companii au discriminat la angajare anumite zodii considerate aducătoare de ghinion. Și totuși există oameni de succes din fiecare zodie. Însă cei care vor să creadă cu superficialitate o teorie, în acest caz o generalizare, probabil nu vor căuta să verifice dacă teoria este corectă și probabil vor ignora sau contracara dovezile care le infirmă credința.

3. Simplitatea aparentă

Probabil multora dintre noi ni se pare că este mai ușor de navigat prin viață înzestrați cu credințe/unelte care par să ne ajute în a înțelege mai ușor universul din jurul nostru și a lua decizii mai ușor. Utilitatea înșelătoare a acestor credințe ne poate face să nu renunțăm cu ușurință la ele, de exemplu la generalizare. Utilitatea înșelătoare ne poate face să nu fim motivați în a vedea erorile și chiar pericolele ascunse în spatele generalizărilor de orice fel.

Ne ascundem identitatea în spatele unor generalizări

Câteodată ne ascundem preferințele personale și alegerile în spatele unor generalizări. Riscul este ca în acest fel să întărim acele stereotipuri sau să creăm unele noi. Iar stereotipurile nedreptățesc pe cei ce nu se încadrează în ele.

Exemplu

„Femeilor în vârstă din țara mea nu ne place să purtăm rochii"

Această afirmație este un stereotip, o generalizare. Desigur că în țara acelei persoane există și femei în vârstă cărora le plac rochiile. Poate unele femei le poartă pe ascuns prin casă ori în călătorii dacă societatea în care trăiesc nu le permite. De asemenea persoana care a făcut generalizarea pare că ascunde o preferință personală în spatele acestui stereotip. Ori se sustrage de la eventuale neplăceri sociale sau de compatibilitate romantică datorate acestei preferințe personale aruncând vina pe factori externi. Și de asemenea creează un stereotip despre țara sa care poate face rău unor persoane care nu se încadrează în acest stereotip. Afirmația mai corectă este *"Mie nu îmi place să port rochii".*

Patriotismul și generalizarea

Ați auzit de Masacrul de la Odessa din 1941? Se pare că soldați din armata română împreună cu trupe SS au ucis în jur de 30000 de bărbați, femei, bătrâni și copii în Odessa, un oraș din Ucraina. De ce? Pesemne pentru că cineva a pus o bombă la comandamentul românesc din Odessa.

În altă perioadă, mai multe surse istorice sugerează că Vlad Țepeș ar fi avut ură oarbă pe turci și ar fi fost sponsorizat de Vatican în mod repetat să treacă granița în țările vecine sub pretextul unor cruciade. Se pare că executa chiar și copiii de origine turcă și ținea un scor de care era mândru despre câți etnici de origine turcă a ucis pe categorii de vârstă și sex.

Cauze contributive

Am întâlnit un părinte polonez care își educa fiicele că polonezii sunt cei mai buni pentru că se ajută unii pe alții și se vizitează și mănâncă împreună. Este o concluzie absurdă, nu-i așa? Sunt oameni de acest fel pe toată planeta, în toate națiunile. De ce să legăm o etichetă patriotică de niște calități ce țin de natura umană în general? În Polonia ca peste tot sunt și oameni buni și sunt și monștri.

O persoană cu studii superioare originară din Africa mi-a spus același lucru: africanii au cea mai frumoasă cultură pentru că au suflet bun și nu sunt egoiști ca alte popoare.

Mulți români se cred superiori altor popoare din motive similare. Și pentru că Eminescu este român. Suntem îndoctrinați cu exemple ca Eminescu cum că am fi superiori altor oameni de dincolo de gardul patriei. Totuși, există genii peste tot pe planetă. Extrem de puțini străini au auzit vreodată de Eminescu, la fel cum extrem de puțini români au auzit de Maironis al Lituaniei sau Bashō al Japoniei. Este adevărat și faptul că la cinci case de Eminescu un alt român fura găina vecinului, un altul își omora nevasta și soacra cu toporul iar altul punea sodă caustică în țuica pe care o vindea consătenilor ca să li se pară mai tare. Totuși alegem să nu ne identificam cu aceste excepții mult mai comune ci tocmai cu excepțiile care poate se nasc o dată la câteva generații. Asta face patriotismul: comparăm merele cu perele. La fel cum am spune: „Oile mele fac mai mult lapte decât găinile tale."

Un basarabean ar putea posta cărări înzăpezite cu brazi superbi menționând ce mândru este de țara lui. Însă brazii superbi nu se termină la granița Moldovei, sunt în toată Europa, chiar pe aproape întreaga planetă. Ar putea spune atunci "ce norocos mă simt că locuiesc într-o zonă cu brazi", sau "ce planetă frumoasă avem". Așa ar fi corect, nu? Fără etichete de superioritate națională înșelătoare.

Rusia a pus un gard între doi români și apoi l-a numit pe unul din ei moldovean/basarabean. După zeci de ani de îndoctrinare patriotică unii români nu suportă basarabenii iar unii basarabeni nu suportă românii. Vă dați seama, oameni ai căror bunici sau străbunici se țineau de mână, sunt frați la propriu, au aceeași religie, aceeași limbă, aceleași tradiții, aceleași mâncăruri. Acești oameni au fost îndoctrinați cu un steag, imnuri patriotice și exemple înșelătoare să creadă că ei sunt diferiți de frații lor și sunt superiori lor și celorlalte popoare iar ce au ei este mai bun decât ce au alții.

Schopenhauer spunea că cel mai ieftin și amăgitor fel de mândrie este mândria națională. Mencius, un filosof japonez, spunea că dacă un om vede un copil care se îneacă într-o fântână, el va sări să salveze copilul de la înec fără să se gândească dacă este copilul lui sau al vecinului.
Totuși, PATRIOTISMUL și NAȚIONALISMUL, care sunt de multe ori noțiuni interschimbabile, reușesc să dezumanizeze pe cei față

de care am fi simțit compasiunea de mai sus. Dezumanizarea ne ajută să ucidem oameni ca și când nu ar mai fi oameni sau să îi subjugăm fără să mai simțim compasiune ori chiar să fim martori insensibili la exterminarea lor.

Când suntem mândri că suntem români, spunem indirect și involuntar că ceilalți valorează mai puțin. Așa a fost posibil masacrul de la Odessa sau exterminarea a milioane de evrei.

Suntem toți copii ai planetei albastre. Am făcut parte din același tărâm acum sute, mii sau milioane de ani cu cei care azi credem că sunt străini. Granițele se schimbă de-a lungul istoriei iar memoria se pierde odată cu generațiile. Un test ADN ieftin și accesibil tuturor online va arăta multora că provin de peste tot din Europa având rădăcini chiar și în celelalte continente. Mie acest test ADN mi-a găsit peste 700 de verișori de diverse grade pe întreaga planetă ai căror bunici și străbunici s-au născut acolo și poartă nume comune națiunii în care s-au născut. Am fost fascinat când mi-am găsit genele și mi-am observat trăsăturile pe chipul unor oameni aflați la mii de kilometri depărtare care nu își aduc aminte ca strămoșii lor să fi avut vreodată legătură cu România.

Cineva ne-a divizat și ne-a îndoctrinat că noi suntem mai buni decât frații și surorile noastre, că mâncarea noastră este cea mai gustoasă.

Ca o paranteză, după am ieșit din România și am început să întâlnesc persoane de alte naționalități, am fost surprins să aflu că preparatele noastre "tradiționale" nu sunt unice ci sunt comune multor națiuni vecine sub diverse nume. Eram convins că mici și sarmale nu există niciunde altundeva în afară de patria noastră mult lăudată.

Ni se spune de multe ori că olimpicii noștri sunt cei mai buni sau cei mai deștepți ori ni se spune că cei de alte naționalități sau etnii sunt răi și nu ne suportă. Suntem injectați de la vârste crude cu propagandă.

De ce a trebuit să inventăm națiuni și garduri și să ne îndoctrinăm de mici cu steaguri și patriotism că am fi superiori celor de peste gard iar țarcul nostru este cel mai frumos? De ce investim în diviziune în loc de colaborare?

Am înțeles de la unele persoane din Armenia că li s-a spus la școală cum că azerii ar fi dușmanii de moarte ai țării lor. Unor azerilor se pare că li s-a spus același lucru despre armeni. Un armean și un azer și-au bombardat recent casele unul celuilalt. Au ajuns amândoi refugiați și cu atât mai patrioți și mai înrăiți. Tragic, nu? Ar fi putut să organizeze și să promoveze activități frumoase unde să colaboreze și să se împrietenească, de exemplu festivaluri. Ar fi putut să investească în eliminarea diferențelor patriotice. Ori se puteau ajuta reciproc să își mai adauge câte un etaj la casă și să facă nunți în loc să își distrugă casele unul celuilalt, în loc să ajungă în corturi de refugiați sau în loc să își înmormânteze copiii morți în luptă.

Credeți că nu este posibil, că este o utopie? În Londra și în din ce în ce mai multe locuri pe planetă, trăiesc în pace și colaborare peste 150 de națiuni. De asemenea nenumărate religii, sexualități, moduri de a găti, de a iubi, de a petrece etc.

Un răspuns sincer

Ce ar fi făcut soldații români care țineau baionetele în mână în Odessa dacă nu mai exista conceptul de român și ucrainean sau evreu? Pe cine se mai răzbunau ei? Erau nevoiți atunci să caute pe cei care au pus bomba, este adevărat?

Observați cum patriotismul este strâns legat de generalizare, naționalism, xenofobie și de crime istorice oribile și lipsite de sens.

Un ucrainean ar putea spune azi că românii au omorât ucrainenii. Observați pericolele generalizării? Ce legătură avea cu acele crime un oarecare român din acei ani care nici măcar nu era de acord cu războiul sau violența? În același timp unii din militarii români care au comandat și au contribuit la aceste acte de barbarism, inclusiv mareșalul Antonescu, au fost judecați și condamnați la moarte pentru aceste fapte de însăși alți români. Au fost judecați pentru crime de război, crime împotriva păcii și crime împotriva umanității.

Sau ce legătură are o fetiță din România născută în anii 2000 cu ce s-a întâmplat la Odessa în 1941?

Este logic și moral să recompensăm sau să pedepsim oamenii pentru ceea ce au făcut ei ca indivizi nu pentru ce se spune despre categoria în care au fost catalogați. În România, ca peste tot, sunt și oameni buni și sunt și monștri.

Noțiuni înrudite

Internaționalismul se opune de obicei patriotismului și izolaționismului și îndeamnă la suport pentru instituțiile internaționale care susțin pacea și colaborarea între națiuni.

Cosmopolitan înseamnă printre altele că îmbrățișăm și chiar admirăm diversitatea și ne place să cunoaștem și să respectăm tradițiile non-abuzive ale altor popoare.

Concluzii

Generalizarea nu este logică și face de multe ori rău unor oameni fără vină. Este frumos să investigăm dacă cineva iubește animalele sau natura, dacă este răzbunător, ordonat etc. Să nu deducem după localități și zodii. Să fim parte dintr-o lume mai frumoasă, mai tolerantă, mai justă.

Și pentru că vorbeam de just, în loc să spunem că femeile sunt materialiste, nu este mai corect să spunem că UNELE femei sunt materialiste? Ce frumos sufletește să nu mai băgăm toate femeile în aceeași "oală". Sau toți săgetătorii, bărbații, ungurii, evreii, romii, arabii, românii etc. Asta spune și despre sufletul și mintea noastră ceva frumos. Iar mulți din cei din jur și copiii noștri vor copia conștient sau inconștient un exemplu frumos de gândire și comunicare. Cultura unei națiuni este în mare parte rezultatul unor procese de învățare a obiceiurilor celor din jur, societății. Fiecare din noi suntem societatea și noi suntem cultura pe care cei din jurul nostru o copiază și o transmit generațiilor viitoare. Contribuim cu pași mici către o lume mai frumoasă și mai justă, cu mai multe zâmbete și bunătate și mai puțină violență și discriminare.

Fiecare din noi face alte alegeri și are alte preferințe în viață. Pare comod și simplu pentru cineva să presupună că ne cunoaște dacă ne știe locația sau zodia. În realitate însă nu poate ști cine suntem până nu investighează. Poate chiar și tu ești atipic(ă) pentru grupul din care faci parte, sau în familia ta. Ce frumos și just ar fi ca cei din jur să-și dorească să te cunoască pe tine, nu să deducă din ce meserie au părinții tăi, ce culoare are pielea ta, ori să creadă că dacă ești femeie nu poți schimba un bec ori că dacă ești bărbat ești un mincinos înnebunit după sex.

Prejudecăți Împotriva Afecțiunii

- Te-au dezgustat vreodată două suflete care se îmbrățișau?
- Te-ai simțit vreodată murdar(ă) pentru că ai îmbrățișat pe cineva?
- Te-ai simțit folosit(ă) dacă ai fost îmbrățișat(ă) decât o dată?
- Ai renunțat să îmbrățișezi pentru că era prea tânăr(ă) sau mai sărac(ă) ori mai scund(ă) decât tine?
- Crezi că nu ești destul de atrăgătoare pentru el și ai preferat mai bine să nu primești și să nu oferi?
- Ai doi copii iar el nu are niciunul și crezi că "nu ești de nasul lui"?

Există atât de mare nevoie de afecțiune în lume și atât de mult abuz, adică violență fizică și verbală, războaie, răutate, invidie, critică, ceartă, ridiculizare, intimidare etc.

Și totuși, deși afecțiunea face atât de mult bine unui suflet, am inventat prejudecăți împotriva ei. Am inventat motive să detestăm când cineva primește o îmbrățișare sau o mângâiere ori cuvinte frumoase sau ajutor. Ori am învățat să evităm o îmbrățișare pe care ne-o dorim doar pentru că ne-am spus o poveste urâtă despre ea și cei care o oferă cu drag.

Ne simțim murdari câteodată sau disprețuim pe cei care primesc și oferă afecțiune. Am inventat cuvinte urâte pentru afecțiune, pentru zâmbete, pentru mângâieri și îmbrățișări. Ca de exemplu cuvintele aventură, curvă, femeie ușoară, disperat, păcătos, cârpă, zdreanță, fără coloană vertebrală, murdar, poponar, spurcat etc. Ba chiar am inventat prejudecăți despre ce diferență de vârstă nu este acceptabilă sau ce profesie ori ce diferență de înălțime sau de etnie, ce diferență de situație financiară sau intelectuală.

Suntem profesioniști în a ne face rău nouă înșine și celorlalți cu prejudecăți pe care nici măcar nu le-am inventat noi ci le-am auzit undeva și le-am asimilat.

Exemple
Așteptările neîmplinite

Am întrebat o amică ce mai face și i-am trimis o îmbrățișare virtuală. Mi-a răspuns cu reproș că îi scriu doar când am nevoie. Mă întreb dacă ar fi vrut să îi scriu și când nu îmi făcea bine. Este o prejudecată împotriva afecțiunii care o rănește pe ea iar apoi rănește și pe cei din jurul ei (victime colaterale). Credeți că a inventat ea prejudecata aceasta dureroasă? Cel mai probabil nu. A auzit acest raționament răutăcios în mod repetat și a asimilat ideea că nu trebuie să aprecieze un gând bun decât dacă este pe bază de abonament.

Observați cum suntem programați să suferim și să îi rănim chiar și pe cei care ne vor binele. Cineva ne oferă o clipă din viața sa pe care nu o mai poate recupera. Alege să ne-o ofere nouă, este ceva neprețuit. Iar noi în loc să spunem "mulțumesc că te-ai gândit la mine" ne spunem o poveste urâtă ca să putem suferi, să putem disprețui, să putem răni pe cei ce ne oferă cadou o bucățică irecuperabilă din viața lor și chiar ajutor dezinteresat la nevoie. De multe ori credem că suntem victime când de fapt suntem agresori. Așa putem ajunge singuri și vulnerabili când de fapt mulți din noi ne dorim cât mai multă afecțiune și sprijin. Gândire și comunicare tragice.

Tu ai copii iar el/ea nu are niciunul?

Am o amică minunată care este și mamă a doi copii minunați. Când o văd cât de frumos îi educă mi-aș dori să îi am pe toți lângă mine. Să mi se umple casa de oameni buni, de zâmbete și glăscioare de îngerași mai mici și mai mari. Amica mea parcă nu ar fi completă pentru mine dacă ar trebui să mi-o imaginez fără piticii ei minunați. Nu vreau să generalizez, sunt de acord că unora nu le plac copiii. Totuși, multe persoane admiră copiii.

Suntem toți perfecți pentru cineva. Este mai bine să lăsăm oamenii să ne vadă așa cum ne văd ei. Să nu mai decidem pentru ei, să nu ne mai imaginăm cum ne văd ei, să nu le mai impunem felul în care ne vedem noi. Frumusețea și valoarea sunt în ochii privitorului.

Diferența de vârstă

Un tânăr ține de mână o femeie mai în vârstă. Unii simt dezgust - prejudecăți insuflate de societate. Sau poate ei nu simt atracție față de persoane mai în vârstă și generalizează că avem sau ar trebui să avem toți aceleași nevoi și preferințe.

Eu când văd două suflete care își vor binele mi se umple inima de bucurie. Mă bucur că văd afecțiune nu abuz. Două suflete care își oferă unul altuia ce au mai frumos: zâmbete, gânduri frumoase, sprijin, cuvinte frumoase, fapte bune.

„Love is Love" - *iubirea este iubire indiferent de specie, sex, vârstă, profesie, etnie, înălțime etc.*

Gânduri înrudite

Oare în ce moment al evoluției omenirii am inventat dezgustul împotriva afecțiunii. Și ce trist să trebuiască să negăm că cineva ne este drag, să ne dezicem de cineva care ne-a oferit afecțiune și de care ne pasă, pentru a face pe plac unui partener egoist, nesigur, dușmănos, agresiv, care se sabotează singur cu gânduri urâte despre cei care ne vor binele. Se sabotează singur când devine agresiv pentru că reușește astfel să ne îndepărteze, și de asemenea ne sabotează pe noi izolându-ne de cei care ne vor binele. Ar vrea să ne izoleze pentru interesul personal chiar dacă asta ne-ar pune în pericol.

Unele persoane se aruncă asupra noastră cu dispreț și agresivitate dacă spunem că ne pasă de fostul/fosta partener(ă). Și mulți din noi cred într-adevăr că suntem defecți și că nu este ok să simțim așa. Și totuși noi oferim afecțiune, suntem ființe frumoase pline de compasiune. Iar cei care disprețuiesc oferă agresivitate și lipsă de empatie. Cum putem să simțim dispreț față de oamenii care vor binele celor dragi nouă? Și cum putem să ne simțim murdari sau defecți dacă ne pasă de cineva?

Ne Impunem Nevoile Celorlalți

Spuneam în capitolul despre dușmănia prin comparație că tindem să îi desconsiderăm pe cei cu nevoi diferite de ale noastre. Și totuși suntem toți diferiți și perfecți pentru cineva cu aceleași nevoi, cât timp nu abuzăm pe alții.

Atunci când nu ne plac diferențele de nevoi sau când nevoile noastre nu sunt împlinite încercăm de multe ori să ne impunem nevoile celorlalți chiar dacă lor nu le fac bine nevoile noastre sau chiar dacă le fac rău.

Forțarea, ridiculizarea, șantajul, manipularea, pedepsirea, agresivitatea verbală sau fizică, sunt forme de abuz.

Dacă ceva care nu este abuziv în celălalt este în opoziție cu nevoile noastre, avem dreptul să negociem daca este consimțit sau să plecăm, dar nu să impunem.

Marinarul și pilotul

Să ne imaginăm că avem un avion pentru care avem nevoie de un pilot. Mulți dintre noi, deși căutăm un pilot, ne vom opri însă la un marinar simpatic și ne vom agăța de el deși am observat că este diferit de ce avem noi nevoie. Vom începe apoi din egoism să încercăm să îi impunem nevoia noastră de a deveni pilot. Devenim în acest punct agresori (bully). Facem oarecum ce fac acei copii de la școală care îi împing pe ceilalți, îi amenință, îi forțează, îi fac să plângă. Acest marinar nu este defect, este diferit de noi sau de un pilot. Nu este nevoie să facă niciun efort ca să fie complet. Sunt multe persoane care au nevoie de un marinar pentru ambarcațiunea lor, iar acest marinar este perfect pentru ele așa cum este, ba chiar ar fi nepotrivit să fie pilot. Nu este logic și moral să îl criticăm pentru că este diferit, să îl abuzăm, să îl forțăm. Îl putem elibera dacă nu se poate să fim amândoi bine, dacă nu se poate să avem amândoi nevoile împlinite, dacă unuia trebuie să îi fie rău pentru ca celuilalt să îi fie bine.

Aceasta nu înseamnă că nevoile noastre care nu sunt abuzive nu merită să fie împlinite. Însă dacă avem nevoie de un avion este logic să mergem la un aeroport, nu este logic să așteptăm avioane într-un port. La fel cum nu este logic și moral să agresăm persoanele din port pentru că le place marea și seninătatea în loc să fie îndrăgostite de zbor și aventură ca și noi. Nu este logic și moral să încercăm să le impunem nevoile noastre.

Exemple

Forțăm o îmbrățișare

Unii oameni intră în viața noastră putând să ne ofere o singură îmbrățișare. Totuși, din egoism ajungem de multe ori să îi criticăm, să îi șantajăm sau să îi obligăm prin fel și fel de mijloace să ne ofere și a doua îmbrățișare chiar dacă lor nu le mai face bine. De multe ori ne credem victime când suntem de fapt agresori.

"Iubirea nu este așa cum faci tu"

O femeie își ceartă iubitul afirmând că nu știe să iubească pentru că nu îi scrie de ajuns, nu îi spune destule cuvinte frumoase și nu are destul timp pentru ea. Noi am înțeles deja că suntem toți diferiți. În consecință și felul în care iubim este diferit. Atât timp cât acel om nu abuzează pe nimeni el este perfect pentru cineva care are nevoie de mai mult spațiu sau pentru care cuvintele frumoase nu contează la fel de mult. În următoarele capitole vom învăța că este frumos și adevărat să

vorbim despre nevoile noastre neîmplinite nu despre ce ar fi defect în celălalt.
"Hai, mă, ce dracu', mă jignești. Nu bei un pahar cu mine?"
Expresia aceasta probabil o știți probabil foarte bine. Cineva încearcă să ne impună o nevoie a sa chiar dacă nouă ne-ar face rău. Și încearcă să ne facă să părem defecți dacă nu le împlinim nevoile.

"Nu ești atent la ce iți spun, este insultător"
O persoană îmi împărtășea filmulețe cu progresul ei la dans de-a lungul timpului. Cum conversația a durat ceva timp, am căutat și eu filmulețe cu progresul meu. Însă când am trimis unul, persoana s-a simțit ofensată acuzându-mă că nu sunt atent. Încercăm să ne impunem nevoile celorlalți chiar dacă lor nu le fac bine. Și din nou un agresor care se crede victimă.

"Dacă mă iubești o să stai cu mine chiar dacă sunt machiată intens.
Sigur o să-ți placă când o să mă vezi"
Machiajul intens la o femeie nu este preferatul meu în viața de cuplu. Sunt foarte pupăcios și simt că rujul și fardul îmi stau în cale, îmi diminuează bucuria. Gusturile nu se discută, cum spunea cineva. Femeia aceasta era îndrăgostită de machiaj, deci nu ne potriveam. Sunt și multe femei cărora nu le place machiajul așa cum sunt și bărbați care îl adoră. Suntem toți perfecți pentru cineva cu aceleași nevoi. Nu pot să schimb ce simt sexual sau romantic față de cineva sau față de anumite trăsături. Dacă ceva nu îmi face bine am dreptul să propun o soluție convenabilă pentru amândoi dacă este posibilă. Sau să accept ori să plec; dar nu să impun. Observați cum persoana din exemplu încearcă să îmi impună nevoile sale deși mie nu mi-ar face bine. Și nu înțelege că suntem toți diferiți.

„Trebuie să îmbrățișezi cultura mea"

"Ne certăm pe faptul că nu vrea să mănânce cartofi gătiți tradițional ca în țara mea. Cred că partenerul meu ar trebui să îmbrățișeze cultura mea, pentru că este parte din ceea ce sunt, din identitatea mea" spunea cineva despre partener. Ea era de origine turcă iar partenerul ei era belgian. El detesta cartofii pregătiți în modul în care a copilărit ea. Se înțelege cum ea încerca să îi impună lui nevoile ei deși lui nu îi făceau bine. Din nou un agresor care se consideră victimă.

„Un bărbat adevărat face cadouri unei femei"

O afirmație generalizare (stereotip) și impunere. Sunt și femei care evită cadourile pentru că au gusturi aparte și simt anxietate la gândul de a se simți „datoare" din amabilitate să îmbrace ceva care nu a fost ales de ele. Sau percep cadourile ca o încercare de a fi cumpărate, ori s-ar simți presate să facă cadouri sau favoruri la schimb. Sau se simt jenate pentru că nu știu cum să reacționeze și preferă să nu treacă prin această situație etc.

„Nu fi copil"

O afirmație spusă ca ridiculizare menită să impună nevoile noastre cuiva diferit de noi, de exemplu cuiva mai afectuos sau mai cheltuitor.

„Nu este normal să vinzi produse de Crăciun în afara sezonului. Distruge spiritul Crăciunului"

După cum ați înțeles deja, aceasta este o afirmație agresivă și intolerantă. Încearcă să forțeze cum să își trăiască viața persoanele cu nevoi diferite de ale noastre.

„Trebuia să îți aduci aminte numele meu"

Unii dintre noi avem dificultăți în a reține nume și date. Iar cei care reușim cu simplitate și entuziasm acum, am putea fi mai puțin entuziaști sau mai puțin capabili în viitor. Aceasta nu înseamnă că vom trebui să fim puși la colț de către alte persoane ori să trăim cu panica de a cunoaște persoane noi al căror nume ne va fi greu să ni-l amintim. Dacă nu vom cere de la noi și de la ceilalți mai mult decât a nu ne abuza reciproc, vom avea liniște în loc de tensiune și conflict.

„Trebuia să mă întrebi dacă sunt bine"
„Trebuia să mă îmbrățișezi"
„Cum ai putut să nu mă suni timp de șapte ore?"
„Ești bărbat, trebuie să te duci să rezolvi"

Exemple de reformulare
„Du-te dracu', stai în casă ca ursul"
„Mi-ar plăcea să ieșim mai mult. Îmi este greu să stau în casă"

„Femeile trebuie să poarte rochie"
„Mie îmi plac femeile îmbrăcate în rochie"

Concluzii
Observăm din aceste exemple cât de ușor putem deveni agresori în încercarea de a le impune celorlalți nevoile noastre deși lor nu le-ar face bine. Este oarecum același lucru pe care îl face un bully (intimidator sau bătăuș) cu colegii de școală. Ca și acel bully, nici noi știm de consimțământ sau empatie când încercăm să forțăm. O diferență este că noi probabil nu folosim forța fizică în general, ci umilire, critică, șantaj de diverse feluri, ridiculizare, amenințări, ultimatumuri etc.

Câteodată ne credem victime când de fapt suntem agresori. Uneori se întâmplă datorită ideilor noastre că ceilalți ar fi defecți dacă sunt diferiți de noi sau de majoritatea. Ori că cei din jur nu sunt născuți liberi ci trebuie să ne servească nevoile. Am reușit să introducem aceste concepte de defect și îndreptățit în cultură fără să le verificăm de ajuns, poate pentru că uneori ne servesc interesele în lupta noastră cu cel „defect".

Și totuși, deși sună avantajos să gândim așa, cât timp promovăm acest gen de gândire, vom ajunge și noi în tabăra celui forțat, criticat, abuzat.

Cum am observat deja, ceea ce facem când încercăm să ne impunem nevoile celorlalți se poate descrie și cu termenul de bullying.

Ce este Furia

Ne enervează părinții pentru că ne cer să facem curățenie, ne enervează partenerul pentru că nu ne îmbrățișează "de ajuns" sau ne enervează pentru că ne îmbrățișează „prea mult".

Se pare că atunci când o nevoie importantă a noastră nu este împlinită sau este încălcată, suferința emoțională este intensă și chiar se acumulează dacă nevoia este neîmplinită cronic.

Frustrarea, furia, agresivitatea, plânsul, sunt unele reacții **spontane** când aceste nevoi nu sunt împlinite ori sunt încălcate. Iar atunci când nevoile "vitale" nu sunt împlinite cronic, adică pe timp îndelungat, unele moduri de agresivitate față de sine sau față de celălalt sunt de multe ori inevitabile. De exemplu depresia, dezgustul, agresivitatea verbală sau fizică. Desigur, unii suntem mai predispuși la a ne înfuria datorită unor factori biologici sau prejudecăți. De aceea această carte încearcă să ofere metode prin care să reducem furia biologică compensând cu gânduri frumoase sau să înlocuim complet multe din cauzele furiei, adică prejudecățile, cu gânduri tolerante, compasiune și generozitate.

Suntem Născuți Liberi

Despre nerecunoștință

Pe certificatul nostru de naștere nu este scris numele unui proprietar. Nu suntem născuți pentru a servi pe cineva, la fel cum ceilalți nu s-au născut pentru a ne servi pe noi. Și totuși cultura, filmele despre relații sau familie ne învață că „proprietatea" asupra altei persoane este acceptabilă, că suntem îndreptățiți. Prin urmare, animați de aceste gânduri de îndreptățire uităm să fim recunoscători și să ne simțim norocoși sau flatați pentru ceea ce primim de la cei din jur, în special de la cei dragi.

Media și cultura ne dau frecvent exemple în care oamenii dăruiesc afecțiune și ajutor partenerilor sau celor din jur.

Aceste exemple sunt atât de frumoase pentru mulți dintre noi și atât de frecvente în filmele romantice încât am ajuns să le interpretăm nu doar ca gesturi frumoase ci ca obligații. Probabil că nu suntem doar noi de vină ci și faptul că așa ne este prezentat de multe ori felul în care **trebuie** să decurgă relația cu semenii, în special relațiile romantice.

"Trebuie" este un cuvânt agresiv de cele mai multe ori, fără să observăm.

Agresiv pentru că insinuează că nu avem dreptul să ne trăim viața așa cum ne face bine. Ori că cei din jur nu au dreptul să decidă pentru ei înșiși.

În același timp filmele ne arată exemple de oameni care sunt violenți cu partenerii sau familia lor. Însă nu am ajuns să considerăm în general că violența ar fi normalitate și că partenerii ar avea obligația să ne lovească într-o relație. Acesta este un dublu standard în care interpretăm filmele și exemplele din jur.

Atunci când cineva ne oferă amabilitate, compasiune, afecțiune, generozitate, bunătate, chiar dacă este puțin, am putea să fim recunoscători nu agresivi. Pentru că o fac fără să aibă nicio obligație. Ce gest frumos.
Dacă nu ne ajunge ce pot să ofere, avem dreptul să negociem dacă negocierea este consimțită. Poate există o soluție prin care să fim bine amândoi. De asemenea avem dreptul să plecăm mulțumind pentru ceea ce am primit.

Nu este logic și moral să le impunem celorlalți să ofere mai mult fără să ne pese de faptul că probabil ce nu au oferit deja... probabil că nu pot să ofere. Poate chiar le-ar face rău să ofere mai mult.

De ce mulțumim? Pentru că am primit ceva la care nu eram îndreptățiți.
Nimeni nu s-a născut cu obligația să ne iubească, să ne facă vreun favor sau să ne „legene" o clipă sau o viață întreagă. Și totuși unele persoane aleg să ne ofere chiar NOUĂ o clipă din viața lor, câteva zile, câteva luni, chiar ani sau zeci de ani. Clipe care nu se mai întorc înapoi, sunt pierdute pentru totdeauna, atât sunt de prețioase. Suntem norocoși că au ales să ni le ofere nouă. Am putea fi recunoscători.

Și totuși, de multe ori când nu ne este de ajuns ce primim devenim nerecunoscători și agresivi ca și când cealaltă persoană ar fi un angajat care nu și-a îndeplinit obligațiile ori s-ar fi născut sclav. Este trist cât ne simțim de îndreptățiți câteodată și cât de rău îi tratăm de multe ori pe cei care au ales să ne ofere clipe irecuperabile din viața lor și pe cei care au îndrăznit să intre în viața noastră, să se apropie de noi cu intenții frumoase.

Exemple
Băiatul care își urăște mai bun prieten

Victor îl detestă pe Alex pe care l-a considerat cel mai bun prieten timp de ani de zile. Aceasta până acum o lună când Alex nu a vrut să îl ducă cu mașina la aeroport pentru că promisese partenerei că vor petrece acele ore împreună. Pentru Victor nu mai contează de câte ori Alex i-a fost aproape timp de ani de zile fără să fi avut vreo obligație. Victor se crede îndreptățit datorită faptului că ei erau cei mai buni prieteni și pentru că și el i-a fost alături lui Alex de mai multe ori. Datorită acestui fapt, Victor se crede victimă. Dar putem vedea cum el este de fapt agresorul când îl ridiculizează pe Alex, când încearcă să îi impună nevoile lui, când îl vorbește de rău celorlalți, când îi vorbește urât etc. De asemenea nu știe să fie recunoscător, să mulțumească, să se simtă norocos pentru ce a primit frumos de-a lungul timpului de la Alex care s-a născut un om liber și fără cea mai mică obligație față de Victor. Și totuși Alex a ales să îi fie alături lui Victor de atâtea ori în toți acești ani. Ce frumos.

Soțul nerecunoscător

Maria își așteaptă soțul, Victor, să se întoarcă de la serviciu. Cu câteva minute înainte ca Victor să intre pe ușă, Maria pregătește pentru el ouă ochiuri și pâine prăjită. La puțin timp după ce se așază la masă și începe să mănânce, Victor izbucnește într-un acces de furie îndreptată împotriva Mariei:

- Îți bați joc de mine. Asta este mâncare? Ești o soție jalnică. Regret ziua când ne-am întâlnit.

Observați cum uităm că ceilalți sunt liberi și ne oferă ceva fără nicio obligație. Nemaifiind conștienți de acest lucru nu mai reușim să vedem ce se întâmplă cu adevărat, faptul că cineva ne oferă, chiar dacă nu este de ajuns.

Victor ar fi putut să gândească:

- fiinţa aceasta a ales să îmi ofere tinereţea ei, viaţa ei irecuperabilă, mie nu altuia, mă simt flatat;
- ea mi-a fost sprijin fizic, emoţional şi financiar când am fost bolnav şi când am rămas fără job;
- a ales să îmi dăruiască copii şi să îşi dedice viaţa ca să îi crească, să îi educe, să îi sprijine, să îi protejeze;
- m-a aşteptat acasă pentru că îi sunt drag, în loc să plece cu prietenele la shopping;
- mi-a pregătit ceva de mâncare ştiind că probabil îmi va fi foame. Ce frumos, mi se umezesc ochii, mă simt norocos.

Dacă ar fi avut gândurile acestea frumoase şi pline de recunoştinţă, soţul nu ar mai fi suferit la fel de intens şi nu ar mai fi rănit atât de profund şi probabil ireversibil fiinţa dragă lui, fiinţa care îl iubeşte, fiinţa care a îndrăznit să intre în viaţa lui şi să îi ofere atât de mult.

Există oameni care păşesc acum pe această planetă împovăraţi de cicatrici lăsate de noi. Nevinovaţi. Victime colaterale ale suferinţei noastre interioare alimentate de multe ori de prejudecăţi sau neştiinţă.

Ce Înseamnă "Te Iubesc"

Te iubesc ca pe o șopârlă
(îmi doresc să fii bine)

Stau pe bancă în parc și privesc o șopârlă. Nu îmi face niciun serviciu vizual sau de altă natură, ba chiar unii o consideră respingătoare. Și totuși îi doresc binele oricare ar fi el pentru că este suflet - are o inimioară mică ce bate în ea.

Îmi doresc să nu îi fie frig, să nu îi fie foame, să nu fie lovită, să nu o doară nimic și să fie fericită. O iubesc "ca pe o șopârlă", adică SINCER, fără niciun câștig, fără nicio recompensă, ABSOLUT DEZINTERESAT. Ca pe un suflet.

Iubirea aceasta este despre EA și binele EI. Mă simt rău când îi este rău și îmi face bine când îi este bine. Empatie. Aceasta este iubirea pură, sinceră, necondiționată: să vrem binele cuiva orice ar însemna asta cât timp nu abuzează pe alții. Să ne facă bine că îl/o știm bine, că este în siguranță, că nu îi este frig, foame, că este sănătos, că zâmbește, că este iubit(ă) etc.

Te iubesc ca pe un iepuraș
(am nevoie de tine, îmi ești de folos)

Îmi place să privesc un iepuraș ca multora dintre noi. Îmi face bine să îl privesc, să îl mângâi, să îl sărut, îmi face bine să mă afund cu nasul în blănița lui, să am grijă de el.

Și totuși, poate iepurașul este speriat în timp ce eu îl mângâi și poate își dorește să nu fie atins sau poate ar fi mai fericit să fie pe câmp sau lângă mama și frații de lângă care a fost luat. Deci ceea ce mi se pare că îi ofer îmi face bine MIE (poate lui îi face rău).

Iubirea asta este DESPRE MINE și binele MEU. Iar favorurile pe care i le fac pot fi de fapt recompensă pentru binele pe care mi-l face sau ca să nu moară și să nu mai am ce iubi, să nu devină mai puțin drăgălaș, ori să îl manipulez să mă răsfețe PE MINE mai mult și să nu fugă în brațele altui stăpân.

De ce îl "iubesc"? Pentru că îmi face un SERVICIU vizual, emoțional, fizic. La fel ca o persoană frumoasă care mai este și artistă în dormitor, în bucătărie, inteligentă, sufletistă, ludică sau ce admirăm fiecare la ceilalți.

Pe iepurașul acesta care îmi servește interesele sunt tentat să îl și închid într-o cușcă. Pentru că ce m-aș face EU fără el? Am nevoie de el, îmi este de folos. Sau sunt tentat să îl "blochez" pe iepuraș și să îl detest odată ce nu mă mai răsfață sau dacă răsfață pe altcineva ori doar pentru că nu mai este mic și pufos (fi-ți-ar javra dracu'). Paradoxal, deși eu pretind că este important pentru mine, la un moment dat probabil îmi va face rău când îi va fi bine și îmi va face bine când îi va fi rău. *„Sper să se aleagă praful de el. Îmi face rău să îl știu bine sau să fie fericit lângă altcineva"*. Deci când spunem că iubim sau auzim că suntem iubiți, contează și în ce fel, sunteți de acord?

În italiană „Te Iubesc" se spune în cel puțin două feluri:

- „ti amo" care înseamnă „te iubesc", însă nu este clar în ce fel.
- „ti voglio bene" care înseamnă tot „te iubesc", însă tradus cuvânt cu cuvânt înseamnă „te vreau bine, îți vreau binele".

Înțelegeți acum că „Te Iubesc" nu înseamnă același lucru pentru toți. Probabil majoritatea folosim această afirmație vorbind despre recunoștință pentru ce simțim sau entuziasm pentru câștigul nostru, nu despre binele necondiționat pe care îl dorim celuilalt.

Nu sugerez că avem obligația de a contribui la binele cuiva dacă iubim. Nevoile noastre sau ale celorlalți nu sunt obligațiile nimănui. Un proverb spune să ne facem bine cât timp nu facem rău celorlalți și să facem bine celorlalți cât timp nu ne facem rău nouă.

Exemple

Aspirații

O femeie vrea să înceapă o facultate ca să scape de munca fizică însă soțul îi interzice deoarece îi este teamă că ea se va schimba și poate își va dori mai mult și o va pierde. Dacă ar iubi-o "ca pe o șopârlă" s-ar bucura pentru aspirația ei și pentru că ea va avea o viață mai bună chiar dacă există riscul să nu mai fie lângă el. Cel mai mult și-ar dori să o știe bine. Iar faptul că ar fi mai puțin vulnerabilă i-ar face bine și lui.

Comunicare

De ce dacă ai o fantezie cu altcineva îi poți spune fără teamă celei mai bune prietene? Pentru că te iubește ca pe o șopârlă în momentul acela. Se gândește la binele tău și se bucură pentru bucuria din inima ta în mod dezinteresat. Sau poate îți este alături cu sinceritate în încercarea prin care treci și încearcă să te ajute.

Poate nu ai curajul să îi spui partenerului tău despre o fantezie sau frământare în legătură cu altă persoană. Deoarece te "iubește" ca pe un iepuraș. Adică serviciile pe care i le oferi. Și ce s-ar face fără tine, cum să îi ameninți posesia? Poate preferă să te omoare decât să îți dea drumul din cușcă, decât "să scapi" din serviciul său.

Partenera mea s-a întors într-o zi de la serviciu și mi-a povestit entuziasmată despre un bărbat nemaipomenit de atrăgător cu care a mers câteva etaje în lift. Mi-a spus că a simțit o atracție cum nu i s-a întâmplat niciodată în viață. Mi-a povestit entuziasmată emoțiile puternice și gândurile senzuale pe care le-a avut în acele momente. Eu m-am simțit norocos deoarece foarte puține cupluri comunică atât de sincer. M-am simțit flatat pentru că a avut încredere în faptul că o iubesc ca pe o șopârlă înainte de toate și îmi doresc să fie bine. Și de asemenea m-am bucurat pentru entuziasmul din inimioara ei. Mi s-au umezit ochii pentru că a știut că îi sunt cel mai bun prieten nu proprietar sau persecutor.

Putem găsi multe alte exemple de unde se poate înțelege mai bine dacă iubim binele celuilalt oricare ar fi el, dacă îl/o iubim ca pe un suflet care merită să fie bine, sau de fapt ne gândim la noi și la interesele noastre.

Soțul și-a făcut bagajele și a plecat

O femeie mi-a spus că într-o zi din senin soțul și-a făcut bagajele în fața ei fără să spună un cuvânt și a ieșit pe ușă fără să se întoarcă vreodată și fără să dea vreodată o explicație. Nici după douăzeci de ani ea nu poate să își găsească liniștea pentru că nu știe de ce el a plecat dintr-o căsnicie ce nu avea semne de nefericire.

Când am auzit-o spunând asta am știut că suferea din cauză că se gândea decât la nevoile ei. Pentru că dacă acel om a plecat înseamnă că nu își mai dorea să fie lângă ea sau poate doar își dorea să fie altundeva singur ori cu altcineva. Dacă ea l-ar fi iubit cu adevărat (pe el ca suflet, nu cum o făcea să se simtă) atunci şi-ar fi dorit ca el să fie bine oriunde ar fi fost şi langă oricine ar fi fost, chiar şi singur în pădure. Şi cu acest gând era împăcată mental fără să mai aibă nevoie de explicaţii. Urma probabil să îi fie dor de el. Însă cuvântul **trebuie** ("trebuia să îmi explice de ce") îşi pierdea puterea de a o chinui pe ea şi de a-l răni şi pe el cu criticile şi nemulţumirea ei. Am spus mai devreme că acest cuvânt poate deveni cu uşurinţă abuziv faţă de cei din jur şi de noi înşine. Vom reveni la acest exemplu mai târziu din altă perspectivă.

Concluzii

Este frumos să iubim pe cineva ca pe un iepuraş, să simţim bucuria de a fi lângă el/ea, să ne lăsăm îmbătaţi şi să îl/o îmbătăm cu tot ce este frumos între doi iepuraşi.

Şi totuşi, este trist să îl/o iubim doar ca pe un iepuraş fără să îl/o mai iubim ca pe o şopârlă. Adică poate chiar să îl/o forţăm, şantajăm, criticăm ori să îl izolăm de cei ce îi vor binele sau cărora le vrea binele, ba chiar să îl punem în pericol pentru ca nu cumva interesele noastre să fie afectate.

Este iubire şi empatie să îi vrem binele oricare ar fi el cât timp nu abuzează pe alţii. Chiar dacă binele acela nu este în braţele noastre sau poate este în braţele altcuiva ori chiar singur(ă). Este trist să duşmănim faptul că o fiinţă primeşte un zâmbet în plus sau o îmbrăţişare în plus. Să dispreţuim binele unei persoane străine sau dragi. Vă daţi seama cât de egoişti şi duşmănoşi suntem? Şi chiar numim asta iubire, ni se pare nobil. Ne credem victime când suntem de fapt agresori.

Este sufleteşte să îi dorim binele chiar dacă nevoile lui/ei sunt opuse nevoilor noastre (nevoia de a avea sau nu copii, nevoile financiare, sexuale, afective etc).

Şi aici nu spun că trebuie să acceptăm un partener dacă nevoile noastre nu sunt împlinite. Sau dacă avem nevoi vitale în opoziţie. Doar să ştim că *nevoile unuia nu sunt mai puțin importante decât ale celuilalt*

... și să știm că merităm amândoi să avem nevoile împlinite și să fim fericiți. Iar fiecare din noi este perfect pentru cineva cu aceleași nevoi. Să ne dorim binele amândurora iar dacă nu se poate să fim amândoi bine, să îl/o eliberăm cu gânduri și cuvinte frumoase, cu recunoștință pentru tot ce ne-a oferit.

Așteptările Neîmplinite

"M-am sacrificat pentru el dar nu a fost recunoscător, mă căuta foarte rar iar în final m-a părăsit pentru alta. Un nenorocit."

Acesta este un alt exemplu în care credem că cei din jur au obligații față de noi. Nu este scris pe niciun document numele nostru ca proprietar al altei persoane. Nu este nimeni născut cu obligația de a ne „legăna", de a ne iubi ori de a ne servi în vreun fel. Nici măcar o clipă, cu atât mai puțin o viață întreagă.

De asemenea a face un cadou mai mic sau mai mare cuiva nu îl/o obligă să ne servească nevoile. Ce simplu (și abuziv) ar fi să facem un serviciu unei persoane și apoi să o obligăm să ne iubească sau să ne îmbrățișeze ori să facă sex cu noi chiar dacă îi face rău. Din egoism și nepricepere punem nevoile noastre deasupra nevoilor celuilalt. Iar câteodată forțăm o îmbrățișare chiar dacă celălalt nu o vrea sau îi face rău.

Pentru mulți o relație sau căsătoria înseamnă că ne găsim un sclav al nevoilor noastre chiar dacă sunt opuse nevoilor sale, chiar dacă îi fac rău. De multe ori cultura, societatea, filmele, romanele, ne-au îndoctrinat că în relații romantice și sexuale „proprietatea" asupra unei persoane este ceva implicit într-o relație - „proprietate" pentru care câteodată credem că avem chiar dreptul să folosim pumnii.

Primul pas către seninătate și recunoștință este să înțelegem că ceea ce ni se oferă este din libera voință a cuiva și nu din vreo obligație. Dacă înțelegem că am primit un cadou nu ceva la care eram îndreptățiți ne va fi mai natural să simțim și să oferim gratitudine în loc de nerecunoștință și agresivitate. Dacă ceva nu ne ajunge, avem dreptul să acceptăm situația sau să negociem dacă este consimțit, ori să plecăm. Dar nu să impunem ori să pedepsim.

De multe ori doi oameni minunați au nevoi vitale în opoziție. În această situație unul din ei ar fi nefericit pentru ca celălalt să poată fi bine. Ori amândoi ar fi nefericiți, ar avea nevoile neîmplinite ori ar fi împlinite „cu porția", ar fi depresivi, frustrați, ar ajunge să se disprețuiască, să fie agresivi verbal sau chiar fizic etc. Este aproape inevitabil când nevoile **vitale** ale cuiva nu sunt împlinite cronic.

Cineva ar spune: "Păi el/ea nu a știut când a semnat actele de căsătorie că este pe viață?" Și totuși, au semnat amândoi visând la fericire eternă. Ce păcat are cineva că nu mai este fericit(ă), că nevoile nu îi sunt împlinite cum visa, ori că i s-au schimbat nevoile odată cu timpul?

Este abuziv să ne agățăm de cineva și să îl/o forțăm să ne îndeplinească nevoile deși sunt în opoziție cu ale sale. Este frumos și sufletește să îi dorim binele și să căutăm o soluție cu care să fim bine amândoi. Ori dacă acea soluție nu este posibilă, să îl/o eliberăm ca să găsească pe cineva cu aceleași nevoi. Dar nu să îi impunem nevoile noastre.

De asemenea este frumos și chiar sănătos să ne dorim și nouă binele și să căutăm pe cineva cu nevoi asemenea nouă ca să fim fericiți fiind noi înșine. Iar pentru că nevoile noastre vitale sunt asemănătoare ori cel puțin nu sunt în opoziție, va fi ușor să apreciem acea persoană și va fi ușor să fim apreciați pentru felul în care suntem. Fără să ne agățăm de persoane cu nevoi opuse, fără critică, fără abuz, fără fețe morocănoase, fără fericirea unuia cu prețul nefericirii celuilalt, fără oferit cu așteptări la schimb, fără să trebuiască să negociem o îmbrățișare sau să explicăm de ce avem nevoie de o îmbrățișare ori de orice altceva. Fără sacrificii și compromisuri în ceea ce este vital pentru noi, ci doar doi oameni cu nevoi asemenea.

Exemplu

O persoană bolnavă alege să nu ne răspundă la mesaje și nu știm dacă este bine
Ne ignoră deși o „iubim" atât de mult. Ne întrebăm cum poate să fie atât de insensibilă încât să nu ne țină la curent. Cum poate să ne lase să ne imaginăm fel și fel de scenarii despre starea ei și să ne lase să ne frământăm disperați de îngrijorare.

În acest caz preocuparea pentru nevoia noastră ne face să ignorăm faptul că poate acestei ființe nu îi face bine să comunice când nu este bine ori nu îi face bine să se simtă supravegheată. Sau poate are alte motive care țin de faptul că are nevoi opuse nevoilor noastre. În general nimeni nu are nicio datorie față de nevoile noastre. Una din puținele datorii universale este să nu îi abuzăm pe cei din jur. Iar atunci când încercăm să ne impunem nevoile cuiva suntem agresori deși de multe ori ne credem victime.

Aplicarea Principiilor de Bază

Comunicare Tragică și Comunicare Fără Răutate

Să vorbim despre nevoile noastre nu despre ce este defect în ceilalți

Să presupunem că partenera mea vine acasă în mod frecvent la miezul nopții pentru că îi place să petreacă timp în oraș. Dacă eu îi reproșez "De ce ai venit așa târziu?" reacția ei probabilă este să intre în defensivă, să se înfurie și să ne certăm.

Afirmația de la care a început conflictul se poate numi comunicare tragică. În sensul că mi-am exprimat nevoile într-un mod în care am obținut exact opusul a ceea ce aveam nevoie. Adică mi-am dorit ca partenera să fie mai mult timp lângă mine însă este posibil ca în acea noapte să dormim separat și supărați sau chiar să ne despărțim. Ori să creez o cicatrice care se adună în timp lângă altele. Este cumva similar cu a fi în deșert și a cere unei persoane un pahar cu apă în așa fel încât să nu îl primesc, ba chiar să trezesc dispreț în acea persoană.

Afirmația mea față de partenera mea care a venit acasă la miezul nopții este de asemenea răutăcioasă. Pentru că am acuzat-o că ar fi defectă, că ar fi făcut ceva greșit. Dacă ne aducem aminte secțiunea "Dușmănim prin comparație" eu am crezut că este defectă și trebuie corectată deoarece nevoile ei sunt diferite de ale mele sau ale majorității.

Ce am greșit este că am vorbit despre ce ar fi defect în ea în loc să vorbesc despre nevoile mele. Este de ajutor să știm că omul de lângă noi este perfect pentru cineva cu aceleași nevoi, cât timp nu abuzează pe alții. Pentru alt bărbat partenera mea poate să vină acasă la orice oră, nu este important. Poate el chiar se bucură și se simte norocos pentru că are mai mult timp pentru sine ori in liniște. Sau poate și lui îi place să stea în oraș până târziu și se întorc acasă la aceeași oră.

Asta nu înseamnă că nevoile mele nu sunt importante. Probabil nevoia de a petrece timp împreună este atât de importantă încât mă simt frustrat pentru faptul că este neîmplinită în mod cronic. Însă frustrarea mea este datorată nevoilor mele neîmplinite nu vreunei obligații a ei față de mine și nu vreunui defect al ei. Frustrarea mea este despre mine nu despre ea.

Atunci când știu că ea este perfectă (pentru cineva cu aceleași nevoi) nu mai are logică să gândesc că este defectă. Este doar diferită de mine sau de majoritatea. Asta mă ajută să nu o mai disprețuiesc, să nu o mai atac verbal, să nu mai cred că are vreun defect psihic sau comportamental. Am mai multă liniște interioară iar asta mă ajută să nu îi mai spun cuvinte urâte și acuze.

Când realizăm că celălalt este perfect (pentru cineva) ne furăm (singuri) motivul de a fi agresivi. În loc să vorbim despre defectele celuilalt (care nu există), putem vorbi despre noi și nevoile noastre. Și așa este cel mai sincer și adevărat.

Dacă aplicăm acest principiu, atunci nu ni se va mai părea logic să spunem acuzator "De ce ai venit acasă așa târziu?".

Am putea spune:
Când ai venit acasă la miezul nopții
*nu am spus târziu deoarece este relativ și acuzator

m-am simțit trist
*despre mine

pentru că te iubesc
*despre mine

și mi-ar plăcea să petrec mai mult timp cu tine.
*despre mine

Ai vrea să găsim împreună o soluție ca să fim bine amândoi?

Spectaculos nu? Iar asta vine automat și fără efort când știm că celălalt este perfect pentru altcineva, adică nu a făcut niciun rău. Aceasta nu este o metodă de comunicare complexă și strictă, nu este nevoie să învățăm pași și expresii, deci nu este nevoie să fim inteligenți și să investim efort în a învăța verbe și formule. Vorbim fiecare pe limba sa, însă despre sine , fără a sugera că celălalt este defect. Nu este nevoie să învățăm cum să ne ascundem furia în spatele unor cuvinte frumoase în timp ce tremurăm de nervi. Nu prea se poate face asta, mai ales in fața cuiva care ne cunoaște și simte când suntem furioși. Gândurile și implicit cuvintele noastre vor fi mai pașnice, mai frumoase - vor veni de la sine când inima noastră este senină pentru că știm acum că suntem lângă un suflet ale cărui nevoi sunt la fel de importante și de valide ca și ale noastre.

Câteodată când avem nevoi vitale în opoziție este posibil să nu existe soluția prin care să fim bine amândoi. Însă știm acum că nu este niciunul de vină. Doar diferiți. De multe ori doi oameni minunați au nevoi vitale în opoziție și nu pot fi bine împreună. Știind asta ne ajută să suferim mai puțin și să lăsăm în urmă celor dragi cuvinte frumoase, recunoștință și empatie, în loc de critică și cicatrici, chiar și dacă va fi nevoie să ne despărțim.

Observăm că nu am spus "vreau să petrec mai mult timp cu tine" ci "mi-ar plăcea". Prima variantă poate suna ca o comandă. Adică un moft al unui copil nervos care se aruncă la pământ într-un magazin cu jucării urlând cu agresivitate că vrea jucăria care îi place. A doua variantă este mai dulce auditiv deoarece este mai clar că exprim o dorință care lasă loc pentru empatie și consimțământ.

Exemple
„*O femeie trebuie să se aranjeze când merge la întâlnire*"

Un amic al meu i-a spus unei femei că este revoltat pentru că ea a venit la întâlnire îmbrăcată ca prin casă. I-a spus acestei persoane cu repros că o femeie trebuie să se aranjeze când merge la o întâlnire.

Observați cum desconsiderăm pe cei care au nevoi diferite de ale noastre. Și comunicăm răutăcios cum că ar fi defecți. Deși aceste persoane sunt ideale pentru alții cu aceleași nevoi. El își face rău emoțional crezând că ea este defectă, iar apoi o rănește și pe ea ori îi încarcă pe cei din jur cu negativitatea și intoleranța lui. De asemenea, spunând că ea este defectă el duce o luptă cu cei din jur cărora încearcă să le impună nevoile lui. Ceea ce este abuziv, desigur.

Amicul meu putea să se refere la el și la nevoile lui: „Caut o femeie căreia îi place să fie elegantă". Aceasta este o afirmație sinceră, adevărată și fără răutate.

Exemple de reformulare

„Cum să cer prietenia unui bărbat, chiar așa de disperată crezi că am ajuns?"
„Nu îmi este ușor să cer prietenia unui bărbat"
„Aș prefera să facă el primul pas"

„Nu ești atent la ce îți spun, este insultător" (nimeni nu are obligații față de noi)
„Pare că ești distras, vrei să vorbim altă dată?"
„Îmi doresc un partener căruia îi face plăcere să mă asculte cu atenție"

„Trebuie să fii deranjat mintal ca să ții șerpi în casă"
„Șerpii nu sunt favoriții mei"

Dialogul Nu Rezolvă Orice Problemă

Ce nu poate rezolva terapia de cuplu

De multe ori terapia de cuplu nu poate face mai mult decât să încerce să amâne inevitabilul. Să ne ajute să suportăm durerea încă o perioadă. Ori să ne amăgim că suntem mai bine ascunzând frustrarea în spatele unor cuvinte care sună frumos.

Unii spun că dacă un cuplu este angajat să crească împreună și comunică, va fi bine. Pare magic, nu-i așa? Totuși, dacă este atât de simplu cum de nu sunt toate cuplurile fericite? Sunt convins că amândoi partenerii își doresc să fie fericiți. Nu cred că ar refuza cineva să comunice dacă i-ar aduce fericirea într-un mod magic.

Într-adevăr poate comunicarea și implicarea funcționează în unele cazuri. Însă doar dacă partenerii NU au nevoi vitale în opoziție. Știm deja că orice nevoie este ok cât timp nu abuzăm pe alții și nevoile vitale neîmplinite cronic sau încălcate vor duce inevitabil la una sau mai multe forme de suferință ori violență îndreptată către ceilalți sau către noi înșine, ori amândouă.

Fiecare din noi este perfect pentru cineva cu aceleași nevoi sau cu nevoi care nu sunt in opoziție. Un partener care vine acasă mirosind a băutură și cu o sticlă de vin în mână este cel mai degrabă o binecuvântare pentru un partener cu aceleași nevoi căruia îi face poftă felul în care miroase și se bucură că a adus sticla acasă pentru a o savura împreună. Fără să mai fie nevoie să "vrea să crească împreună" ca în slogan. Pur și simplu compatibilitate. La fel cum un hipersexual este perfect pentru un hipersexual, un asexual pentru un asexual, un romantic pentru un romantic, un nebun după copii pentru un nebun după copii, un comod pentru un comod etc.

Atunci când nevoile vitale sunt în opoziție, să vrem să fie bine nu ajunge ba chiar poate prelungi agonia nevoilor neîmplinite: "Hai să cădem de acord să fii tu nefericit ca să fiu eu bine, ori hai să îmi fie mie rău ca să fii tu bine. Ori hai să fim nefericiți amândoi ca să nu fie nici ca mine nici ca tine. Ori hai să ne mințim pe noi și pe cei din jur că suntem bine."

Exemplu
Am avut ocazia să fiu cu o femeie frumoasă și inteligentă. Însă era înnebunită după drumeții și dormit pe munte. Mie nu îmi plac drumețiile deși ador natura. Ea asta făcea aproape în fiecare weekend cu diverse grupuri de pasionați. Își dorea un partener cu care să împărtășească această pasiune.

Dacă aș fi lăcomit să fiu cu ea, probabil aș fi ajuns să o disprețuiesc după câteva nopți pe munte, să o agresez verbal, să o ridiculizez ori să încerc să o conving să renunțe la bucuria/nevoia ei importantă, drumețiile, ca să mă facă pe mine fericit. Și atunci ar fi intrat ea în depresie sau m-ar fi disprețuit. Deci în final cicatrici și ani pierduți. Așa că, deși eram foarte atras de femeia aceea, am lăsat-o totuși să întâlnească cândva un partener pasionat de drumeții ca și ea. Să fie fericiți fără efortul de a "vrea să crească împreună", fără sacrificii. Cine a inventat ideea că este nobil să fii nefericit? Iar eu am găsit la rândul meu pe cineva cu nevoi asemenea mie și chiar am avut trei ani sublimi și fără cicatrici. Deci probabil patru oameni fericiți dacă și femeia aceea a ales compatibilitatea și nu lăcomia.

Concluzii

Pesemne sloganul că voința și comunicarea rezolvă orice, nu doar că este irealist ci este și cam dușmănos în sensul că insinuează că unul din cei doi nu vrea să își abandoneze nevoie vitale pentru a le împlini pe ale celuilalt. Trist, nu? Să ne ardă sufletul de o îmbrățișare și să fi căzut de acord să nu o primim, sau să trebuiască să obligăm pe cineva să ne-o dea ori să îl/o disprețuim pentru că nu îi face bine să ne țină în brațe. Ori să îmbrățișăm chiar dacă ne face rău.

Dacă urmăm sloganul și vrem "să creștem împreună" eu nu voi mai cere mereu îmbrățișări vitale ci mă voi simți și rău, iar partenera mă va îmbrățișa și când simte repulsie. Deci doi oameni cu nevoi vitale opuse, într-o colaborare tragică dar care sună atât de frumos în sloganuri.

„Nu V-ați Iubit De Ajuns"

Despărțirea poate însemna iubire și compasiune

Acum câțiva ani am cunoscut o femeie minunată. Venise din Italia și lăsase fiica proaspăt majoră acolo cu familia extinsă până găsea un job în Londra și o locuință pentru amândouă. Ne-am îndrăgostit și ne potriveam în nevoi vitale și chimie. Deci eram fericiți împreună. Când fiica a ajuns în Londra, a considerat că nu se identifică cu orașul și țara și a plecat înapoi.

Mama a mai stat lângă mine încă doi ani și jumătate din clipa în care a știut că fiica a decis să nu vină în Londra. Am observat că odată cu trecerea timpului distanța dintre mamă și fiică a început să le apese pe amândouă emoțional. Atât de mult îmi iubeam partenera încât am ajuns să îmi doresc să o știu lângă fiica ei dacă asta îi făcea bine. M-am gândit la binele ființei dragi și al fiicei ei chiar dacă asta însemna că această femeie minunată urma să nu mai fie lângă mine.
În cele din urmă ne-am luat rămas bun de comun acord cu dragoste și recunoștință. I-am spus cu sinceritate că îmi doresc să o știu bine acolo unde va fi iar dacă îmi va trimite vești că este bine mă voi bucura pentru ea, indiferent unde va fi și lângă cine va fi.

După câteva luni mi-a împărtășit că prietenele ei i-au făcut cunoștință cu un bărbat deosebit care îmi semăna mult la afectivitate. M-am bucurat pentru că era și este în continuare importantă pentru mine și îmi doresc să o știu bine. Nu pot să uit persoanele care m-au ținut în brațe când am avut nevoie de afecțiune și în general nu pot să uit persoanele minunate din viața mea, indiferent de sex și rol. Îmi doresc să nu îi fie frig, să nu îi fie foame, să nu fie bolnavă, să nu fie tristă, să nu ducă lipsă de îmbrățișări, de cuvinte frumoase sau ajutor.

O persoană care ne cunoaște pe amândoi îmi reproșa câteodată că am făcut rău că „am pierdut-o", că am "lăsat-o" să plece. Cu toată sinceritatea vă împărtășesc că nu mă simt "fraier" ci mă simt norocos. Pentru că am fost iubit de o femeie minunată și am rămas un om important în inima ei. De asemenea mă simt norocos pentru că am avut maturitatea și empatia de a îmi dori pentru ea să fie bine nu doar de a o trata ca pe un obiect sau ca pe un animăluț de companie.

Despărțirea poate însemna iubire și compasiune.

Există situații în care o parteneră observă că nu este bine lângă partenerul ei și de asemenea observă că el nu este bine lângă ea. Și totuși lăcomia nu îi permite să îi dea drumul partenerului deși ar fi amândoi mai bine lângă alte persoane care li se potrivesc mai mult în nevoi și în chimie.

Uneori despărțirea înseamnă că ne pasă de celălalt și ne dorim să fie bine însă am înțeles că asta nu poate fi lângă noi. Și de asemenea înseamnă că ne pasă de noi și ne dorim să fim bine însă am înțeles că asta nu poate fi lângă celălalt. Este trist să fim în relații în care unuia din noi trebuie să îi fie rău pentru ca celuilalt să îi fie bine.

Rugăminţile Pot Fi Agresive

Să presupunem că partenera îmi oferă mai puţin decât am nevoie. Cerşesc în mod frecvent atenţia ei. În cele din urmă ajung să o dispreţuiesc. Acest sentiment îmi face rău şi este agresiv faţă persoana din viaţa mea, nu-i aşa? Nu poate să îmi ofere îmbrăţişări dacă nu simte. Mai ales dacă îmbrăţişările mele îi fac rău ori dacă îi fac rău îmbrăţişările în general.

Nu ar trebui să fie nicio dramă. Nimeni nu ne datorează nimic. Nu putem să cerem îmbrăţişări care nu îi fac bine celuilalt. Şi nu îl/o putem dispreţui sau desconsidera pentru că nu ne răsfaţă cum avem nevoie. Nici noi nu suntem disponibili pentru alte persoane care au nevoie de noi dar cărora nu le putem oferi cu drag. Adică şi la noi au cerşit sau cerşesc alţii şi nici noi nu simţim să îmbrăţişăm doar pentru că îşi doresc sau când îşi doresc. Oare asta înseamnă că trebuie să ne dispreţuiască, să ne desconsidere? Să uite că le oferim cât putem şi ce putem chiar dacă nu le ajunge? Deci putem mulţumi cuiva care ne oferă cât poate sau cât îi face bine şi pentru cât timp îi face bine, chiar dacă nu este de ajuns pentru noi. Recunoştinţă. Fără dramă şi agresivitate.

Cerşitul poate fi agresiv pentru că nu ştie de consimţământ şi nu înţelege sau nu vrea să accepte că celuilalt nu îi fac bine nevoile noastre. Observaţi din nou cum de multe ori credem că suntem victime sau animaţi de sentimente nobile când suntem de fapt agresori.

Cine A Fost De Vină

Nu te mai învinovăți, nu îi mai învinovăți pe ceilalți

Când o relație nu merge sau nu a mers suntem tentați să credem că de vină este unul din noi. La fel gândim în general și despre relațiile celor din jurul nostru. Gândiți-vă de câte ori ne-am criticat partenerul în fața amicilor noștri sau străinilor care au luat partea uneia dintre părți. Chiar noi am luat partea cuiva dintr-o relație care nu merge.

De multe ori ni se spune că dacă partenerul pleacă de lângă noi este vina noastră pentru că nu am fost destul de buni. Și totuși, după cum am înțeles deja în alte secțiuni, dacă partenerii au nevoi vitale în opoziție este doar o chestiune de timp până când suferința nevoilor neîmplinite duce la depresie, dispreț, agresivitate etc. Deci de multe ori incompatibilitatea este un puzzle fără soluție. De multe ori doi oameni minunați au nevoi vitale în opoziție sau nu mai au chimie și ca urmare nu pot fi bine împreună. Fără să fie vina unuia dintre cei doi. Oameni diferiți nu defecți sau vinovați.

Dacă știm că suntem perfecți pentru cineva cu aceleași nevoi, atunci nu ne mai lăsăm ridiculizați sau intimidați cu scopul de a împlini nevoile altora. nu ne mai credem obligați să împlinim nevoile altora chiar și atunci când ne fac rău. Este frumos și logic să nu mai căutăm vinovați acolo unde nu sunt. În felul acesta ne putem păstra seninătatea, ceea ce ne va ajuta să fim recunoscători pentru ceea ce ni se oferă chiar dacă nu este de ajuns. Să mulțumim în loc să acuzăm.

Exemple
Soțul și-a făcut bagajele și a plecat

O femeie mi-a spus că într-o zi din senin soțul și-a făcut bagajele în fața ei fără să spună un cuvânt și a ieșit pe ușă fără să se întoarcă vreodată și fără să dea vreodată o explicație. Au trecut douăzeci de ani de atunci iar ea nu poate încă să își găsească liniștea pentru că nu știe de ce el a plecat dintr-o căsnicie ce nu avea semne de nefericire.

Am mai abordat acest caz din altă perspectivă, însă acum vom analiza posibilitatea în care ea nu are liniște deoarece nu înțelege cu ce a greșit. Observați cum căutând vinovați suntem predispuși să ne rănim chiar pe noi înșine, nu doar pe cei din jur.

Cel mai probabil acel bărbat avea nevoi vitale diferite de ale ei. Poate îl deprima ideea de căsnicie, poate avusese o revelație filosofică și a vrut să aibă altă viață, poate s-a îndrăgostit de un bărbat, poate nu mai avea chimie față de ea etc. Oricare ar fi fost motivațiile lui, ea nu avea nicio vină dacă nu l-a agresat în vreun fel. De multe ori doi oameni minunați au nevoi vitale în opoziție sau nu mai au chimie și ca urmare nu pot fi bine împreună. Simplu, fără dramă, fără vină. Seninătate.

„Îmi pare rău dar nu ești pentru mine"

Fosta mea parteneră cu care sunt în relații frumoase mi-a dat telefon într-o zi să își descarce supărarea. Mi-a spus că era în drum spre noul partener să se certe cu el pentru că "își bătea joc de ea".

Am întrebat-o "cum își bate joc de tine?".

- Păi nu prea are timp de mine, este mai mult cu prietenii. Și îmi răspunde greu la mesaje. Mă duc să mă cert cu el pentru că iubirea nu este așa. Nu știe să iubească.

Fosta mea parteneră este importantă pentru mine și îmi doresc să fie bine. Însă de asemenea le mulțumesc celor care îi vor binele. De aceea mi-a fost ușor să nu îl consider un concurent sau dușman pe acest bărbat ci chiar un aliat și chiar să îi pot lua apărarea.

I-am spus ei că nu reieșea de niciunde că el ar fi un om rău. Dimpotrivă, chiar ea l-a lăudat că este un bărbat finuț și afectuos. De asemenea este un bărbat pe care prietenele ei l-au recomandat, un bărbat pe care ele îl cunosc și îl apreciază de ani de zile. Ce reieșea era că ei aveau nevoi diferite, chiar în opoziție. Fiecare dintre ei este perfect pentru cineva cu aceleași nevoi. El ar fi o binecuvântare pentru o parteneră mai puțin "lipicioasă" care s-ar simți norocoasă că el nu o "sufocă" toată ziua cu mesaje și că are timp și pentru ea.
Recunoscătoare poate că el nu este toată ziua "pe capul ei" ca fostul partener. Iar fosta mea parteneră este perfectă pentru cineva lipicios ca mine. Căruia îi place afecțiunea, disponibilitatea, cuvintele frumoase, plimbările în doi etc.

In urma conversației ea a înțeles că niciunul din ei nu este de vină sau defect, ci sunt perfecți amândoi pentru altcineva. Atunci când a ajuns la el, în loc să îl certe că își bate joc de ea și nu știe să iubească, i-a spus "mi dispiace ma non sei per me" (îmi pare rău dar nu ești pentru mine). A plecat acasă mai senină și fără să rănească gratuit pe cel care a îndrăznit să intre în viața ei cu intenții frumoase. Deci recunoștință, gânduri și cuvinte mai frumoase, nu ingratitudine și răzbunare. Câteva luni mai târziu aceeași femeie era lângă un partener exact așa cum își dorea: un bărbat nu doar plăcut dar și fascinat de ea. Nu îi dădea drumul din brațe nici ziua nici noaptea. Alegeri înțelepte.

„Sunt perfect pentru ea"
Un medic cu care am discutat despre acest subiect spunea: "Ceea ce nu a suportat la mine fosta parteneră este exact trăsătura pentru care partenera actuală mă place. De aceea

am ajuns să cred că este important să nu ne mai prefacem că suntem altfel ca să impresionam pe cineva. Să nu ne mai pierdem identitatea încercând să fim acceptați. Fiind autentici nu vom mai atrage pe cei care nu sunt pentru noi și nu suntem pentru ei."

> *Să nu încercăm să impresionăm în dragoste,*
> *nu este sustenabil.*

O persoană care încerca să slăbească a văzut la televizor o reclamă pentru o bicicletă de fitness (staționară). Convinsă că aceasta este soluția în cazul ei, a comandat-o imediat. A folosit apoi bicicleta timp de două săptămâni după care și-a pierdut interesul. Bicicleta a ajuns suport de uscat rufe. Faptul că pedalatul era un efort nenatural personalității ei a fost prea mult. Asemenea, este mai sustenabil să atragem oameni similari nouă decât să ne impunem efortul constant de a împlini nevoile lor deși sunt opuse nevoilor noastre. Oboseala efortului cronic va cere odihnă și renunțare probabil în cele din urmă. La fel și ignorarea sau încălcarea nevoilor noastre „vitale". Suntem mai buni decât prejudecățile noastre, fricile noastre, dependențele noastre emoționale. Putem alege pe cineva care ni se potrivește, și îi putem lăsa pe ceilalți să găsească ceea ce li se potrivește pe termen lung.

Nu Este Despre Mine

Uneori luăm personal anumite reproșuri și le punem la suflet sau dăm crezare unor critici urâte despre ce ar fi defect în noi.

De exemplu cineva a spus unui dansator entuziast cu un stil aparte de dans: "Tu dansezi foarte prost". Însă mie ca martor mi-a plăcut felul energetic și neobișnuit în care dansa și m-a întristat afirmația răutăcioasă la adresa lui. Deci dacă mie mi-a plăcut dansul înseamnă că afirmația este o generalizare.

Uneori când suntem vizați de astfel de remarci răutăcioase sau ilogice le punem la suflet și suferim în tăcere. Câteodată chiar ripostăm cu intensitate trecând din postura de victimă în cea de agresor. Aceste ieșiri pot împinge pe cei din jur să ne evite și chiar să simpatizeze cu cel ce ne-a rănit. Este important să putem riposta într-un mod echilibrat. Ceea ce nu este obiectul acestei cărți.

Revenind la criticile despre noi, suntem toți diferiți și perfecți pentru cineva cu nevoi compatibile. Dacă vom înțelege acest lucru va fi mult mai greu să suferim crezând că cineva are dreptate când spune că ceva nu este în regulă cu aspectul nostru, calitățile noastre sau ceea ce ne place ori nu ne place să facem. Cineva ne poate agresa cu afirmații de genul: "cum ai putut să nu mă suni timp de șapte ore?" sau "de ce nu mă întrebi cum mi-a fost ziua?" ori "trebuia să vorbești tu pentru că ești bărbat" sau "cum poți să râzi cu alți bărbați în timp ce sunt cu tine?". Poate până acum poate am fi fost de acord cu multe din aceste afirmații. Însă acum suntem mai înțelepți și am înțeles deja că nevoile noastre nu sunt obligațiile nimănui la fel cum nevoile celorlalți nu sunt obligațiile noastre. Deci când cineva face afirmații care încearcă să ne ridiculizeze sau să ne impună nevoile lor deși nu am abuzat pe nimeni, aceste afirmații nu sunt despre ce este defect în noi ci despre nevoile lor neîmplinite și probabil prejudecăți pe care le-au asimilat.

Sunt sufocant sau este rece?

Prima parteneră din viața mea era afectuoasă, "lipicioasă". Era entuziasmată să petrecem timp împreună, să ne ținem în brațe. Mă simțeam important și răsfățat. Însă magia inițială s-a stins după câteva luni datorită unor valori importante în opoziție.

A doua parteneră era cerebrală. Era mult mai puțin disponibilă. Simțeam că o sufoc cu nevoia mea de a fi împreună mai mult timp. Îmi era greu zile întregi fără ea. Am început să gândesc că poate eram sufocant de fel. Alteori mă gândeam că poate problema era la ea pentru că era o persoană rece. Nu reușeam să îmi dau seama cine este de vină pentru că nu cunoșteam cum sunt oamenii în general. Asta datorită faptului că nu cunoșteam destule cupluri sau partenere. Înțelegeți greșeala mea? Încercam să caut cine este de vină, cine este defect. Doi oameni minunați care aveau nevoi în opoziție. Sau poate nu era la fel de multă chimie din partea ei. Nu putem comanda inimii față de cine să simtă atracție, pe cine să îndrăgească. Seninătate: fără dramă, fără să existe vreo vină, doar doi oameni diferiți.

Exemple

Afirmațiile de mai jos nu sunt despre ce este defect în noi ci despre ce nevoi are celălalt. De asemenea afirmațiile de mai jos sunt agresive, chiar abuzive și spun mai degrabă ceva urât despre cel ce le-a făcut.

Cum să nu îi rănim pe cei dragi

"Nu vezi că ai zece kg umed(ă)?"
Aceasta este o afirmație agresivă. Și desconsiderare prin comparație. Persoana nu spune de fapt că celălalt este defect, deși poate așa crede și așa comunică. Dacă ascultăm mai bine, spune de fapt că celălalt nu este genul său preferat de constituție corporală. Dacă învățăm să ascultăm ce spun ceilalți vom observa că multe afirmații nu sunt despre noi ci despre nevoile și valorile lor.

„Nu meriți să te iubesc"
O afirmație care vorbește despre egoismul neîmplinit al cuiva. Vezi secțiunea "Te iubesc ca pe un iepuraș, te iubesc ca pe o șopârlă". Cineva îmi spunea că nu este de fel *lipicioasă* dar dacă partenerul *merită* îl va alinta și îl va răsfăța. Observați cât de riscant este acest cuvânt sau concept - a merita?

Ne mințim că putem fi pe termen lung altfel decât ne este natura.

Dacă trebuie să facem un efort, cel mai probabil este doar o chestiune de timp până la oboseală și chiar repulsie mai ales dacă contravine cu nevoile noastre vitale. De exemplu atunci când o persoană care are nevoie de spațiu în general își imaginează că poate oferi afecțiune în mod frecvent cuiva care are nevoie de multă afecțiune.

De asemenea expresia "nu meriți" chiar denigrează sau desconsideră pe cel care este diferit de noi, sugerând că este inferior și că trebuie să facă un efort pentru a fi demn de a iubire. Ce gând trist acum când știm deja că acel om este perfect pentru cineva cu aceleași nevoi sau cu care nu are nevoi în opoziție.

"Nu meriți" este și o unealtă de dresaj, de manipulare, de strivire a identității celuilalt. O afirmație care încearcă să îi impună nevoile noastre celuilalt, să îl manipuleze și chiar să arunce vina comportamentului nostru pe celălalt. Adică "e vina ta că nu te țin în brațe pentru că nu mă faci să simt". În loc să spunem că "nu te țin în brațe pentru că așa îmi este felul sau pentru că nu simt chimie sau pentru că nu suntem compatibili și nu mă simt entuziasmat(ă), ori pur și simplu nu simt să fac asta acum". Comunicare fără răutate - despre noi și nevoile noastre nu despre ce ar fi defect în celălalt.

„*Discursul tău a fost foarte prost"*
Acest exemplu este aproape identic cu cel despre dans.

Decizie Informată

Acum câțiva ani am auzit pentru prima dată termenul „decizie informată". Un concept frumos care vorbește despre a ne oferi unii altora informațiile de care avem nevoie pentru a lua decizii în cunoștință de cauză. Informații foarte utile de exemplu înainte de a fi de acord cu o procedură medicală.

Poate fi util și în relații romantice potențiale?

Sigur. Mie îmi plac persoanele transparente care îmi oferă informațiile de care am nevoie pentru a lua o decizie informată. Pentru că sinceritatea și transparența mă ajută să iau o decizie care este sustenabilă pe termen lung. Adică să înțelegem compatibilitatea sau incompatibilitatea dintre noi. Transparența ne ajută de asemenea să ajungem mai repede la o decizie și în acest fel să economisim clipe din viața noastră pe care le putem petrece într-un mod mai util sau plăcut. În loc să investim luni de zile până să descoperim diferențele vitale dintre noi. Clipe din viața amândurora ce nu mai pot fi recuperate.

Chiar dacă concluzia și apoi decizia la care se poate ajunge nu sunt cele pe care ni le-am dori, probabil acea decizie este cea mai sustenabilă și cea mai senină pe termen lung. Ar fi trist să începem o relație cu o persoană incompatibilă și să ajungem inevitabil la frustrare, ceartă, suferință și cicatrici doar pentru că am ascuns unul de celălalt informații care ne puteau ajuta să luăm decizia corectă și sustenabilă.

Majoritatea visăm să fim aleși și apreciați pentru ceea ce suntem, nu pentru ceva ce nu putem sau nu ne dorim să fim pe termen lung.

Probabil nu ne dorim nici să ajungem în locul fostului partener. Cel de care persoana pe care o dorim s-a despărțit de curând. Nu ne dorim să fim la rândul nostru cel despre care vorbește urât sau care a rănit-o ori să fim în locul celui care suferă acum. Adică să intrăm din lăcomie sau din lipsă de informație într-o relație în care avem nevoi vitale în opoziție și are un progres inevitabil.

Să Ne Spunem Povești Frumoase Despre Oameni Și Situații
ca să nu suferim
și să nu îi rănim pe cei din jur

Când ne spunem povești frumoase despre oameni și situații nu mai suferim la fel de mult sau poate deloc și nu mai oferim celor din jur cu atâta ușurință cuvinte care dor și acțiuni urâte, ci le oferim "buchete de flori", adică cuvinte frumoase, acțiuni frumoase, îmbrățișări (acolo unde sunt reciproce), zâmbete, recunoștință, urări de bine.

Exemple
"M-a părăsit iubitul(a)"
În loc să ne întrebăm „ce mă fac eu fără el/ea" și „oare ce face acum și cu cine este" am putea să ne bucurăm că a găsit pe cineva care i se potrivește mai mult și că cel pe care pretindem că îl iubim este mai bine acum chiar dacă este în brațele altcuiva sau singur(ă). Nu ne dorim să îl/o știm în frig, înfometat(ă), abuzat(ă), trist(ă), lipsit(ă) de sprijin sau de afecțiune.

Nu ne dorim să fim fericiți cu prețul nefericirii celuilalt. Dacă ar fi fericit lângă noi ar fi încă lângă noi, nu-i așa? Uneori când nu înțelegem acest lucru și insistăm, se poate că nu avem empatie și de asemenea că nu înțelegem noțiunea de consimțământ.

Emoțiile ne joacă feste: o ușă se închide și un miliard se deschid. Mai sunt femei și bărbați minunați și poate cu următorul ne vom potrivi mai bine în chimie, nevoi și valori.

Suntem perfecți pentru cineva, este doar o chestiune de timp.

Ne spunem că avem o viață chinuită

Pentru unii este sfârșitul lumii dacă li s-a pătat tricoul preferat. Urlă de durere, de nervi. Trăiesc viața ca o dramă încărcându-se pe ei înșiși și pe cei din jurul lor cu "durerea" pe care și-o creează. Și totuși sunt unii oameni cu probleme serioase: unii află chiar azi că au cancer terminal sau poate azi și-au pierdut un picior în operație. Alți oameni sunt persecutați, torturați ori trec prin foamete.

Ne putem spune o poveste frumoasă aproape despre orice ca să fim bine și să nu ne oferim nouă înșine și celorlalți buchete de spini ci de flori. Nu avem job? Este de regulă temporar. Vom mai avea joburi până la sfârșitul vieții. Viața are urcușuri și coborâșuri, este ceva normal, nu este sfârșitul lumii. Poate ne putem bucura de odihnă în schimb.

Legea compensației este o altă poveste pozitivă care îmi servește mie binele emoțional. Îmi spun că nu le pot avea pe toate matematic, statistic. Așa că atunci când lucrurile merg prost într-un aspect al vieții mă gândesc că dacă ceva a trebuit să meargă prost este mai bine că am pierdut o sumă de bani, de exemplu, decât să primesc știri grave despre mine sau cineva drag.

„Cineva își dorește să mă vadă pe cameră"

"Eu nu sunt un studiu" și-a spus cineva. Sau "eu nu sunt din aia, cum crezi tu". Și câte nu își spun unele persoane ca să sufere (să se înfurie) și să răspundă cu cuvinte care rănesc gratuit partea cealaltă de multe ori nevinovată. Victimă colaterală.

Ar putea întreba care sunt intențiile. Sau ar putea spune că este timidă. Ori că preferă să se întâlnească față în față. Gânduri neutre, fără încărcătură emoțională negativă.

Sau și-ar putea spune o poveste frumoasă: "Omul acesta mă place și își dorește să mă vadă. Mă simt flatat(ă)". Ori "omul acesta mă ajută să iau o decizie informată pentru că poate nu îmi va plăcea vocea lui ori nu voi simți chimie. Și prefer să știu mai devreme decât după două săptămâni de conversație plus bani pierduți pe coafor, dădacă și taxi în ziua întâlnirii". Ce frumos va refuza după ce și-a spus o poveste frumoasă despre situație și om. Iar în acest fel atragem oameni buni. Sau nu îi respingem din viața noastră pe oamenii buni. Ori nu se îndepărtează de noi șocați.

„Lasă-mă în pace, nu vreau să privesc porcării de filme"

Să presupunem că cineva ne-a sugerat un film și nu a insistat dincolo de refuzul nostru. Dacă refuzul nostru este atât de negativ și agresiv atunci înseamnă că ne-am spus o poveste urâtă despre intențiile persoanei și despre film ca să suferim și să îi rănim pe cei din jur.

Soțul și-a făcut bagajele și a plecat

O femeie mi-a spus că într-o zi din senin, soțul și-a făcut bagajele în fața ei fără să spună un cuvânt și a ieșit pe ușă fără să se întoarcă vreodată și fără să dea vreodată o explicație. Nici după douăzeci de ani ea nu poate să își găsească liniștea pentru că nu știe de ce el a plecat dintr-o căsnicie ce nu avea semne de nefericire.

Am mai abordat acest caz din alte două perspective. Însă acum vom analiza posibilitatea că ea nu are liniște deoarece își spune povești urâte despre ce s-a întâmplat ca să sufere și să îi încarce și pe cei din jur cu tristețea ei sau chiar să îi învinovățească ori să se răzbune pe ei.

De exemplu își poate spune că ea a greșit cu ceva, sau poate a greșit familia ei, ori el nu trebuia să părăsească mariajul. Poate își spune că el trebuia să încerce să comunice ori să încerce împreună să salveze mariajul. Ea își mai poate spune că el avea obligația să îi explice de ce a plecat, ori că viața ei este destrămată permanent acum sau că nu mai poate avea încredere în bărbați. Poate ea i-a scris sau spus deja lui multe cuvinte urâte după despărțire. Comunicare tragică.

Ne putem spune multe povești urâte despre situații și despre oameni ca să suferim și să îi rănim pe cei din jur. Și totuși, putem găsi povești frumoase când ne dorim să fim senini. Acestui om nu i-a mai făcut bine să fie lângă ea sau în mariaj, ori și-a dorit să fie singur sau lângă altcineva, Ce importanță mai are? Este acolo unde își dorește și unde îi face bine iar asta este cel mai important. Pentru că îl iubim și ne dorim pentru el să fie bine oriunde ar fi, lângă oricine ar fi. Nu are nicio obligație față de noi și îi putem fi recunoscători pentru clipele din viața sa care nu se mai întorc înapoi și a ales să ni le ofere nouă. Și îi dorim să fie bine. Gânduri frumoase de la care pleacă stări și cuvinte mai frumoase. Fără dramă timp de douăzeci de ani sau până la sfârșitul vieții. fără să ne chinuim în depresie și să îi chinuim și pe cei din jur, fără să ne răzbunăm pe cineva care a simțit să ne țină în brațe o clipă sau câțiva ani iar apoi nu a mai simțit.

„Își bate joc de mine"

O fostă parteneră mi-a împărtășit într-o zi că este în drum către iubitul ei ca să se certe cu el pentru că "își bate joc" de ea.

Am mai discutat despre acest caz din prisma faptului că erau diferiți. Acum ne vom spune o poveste frumoasă despre acțiunile lui. Este prea puțin probabil că el pleca de acasă gândindu-se cum să facă să "își bată joc" de ea. Oare câți parteneri se trezesc dimineața gândindu-se cum să le facă rău celor dragi? Aceste cazuri sunt extrem de rare. Și totuși noi gândim de multe ori că cei care ne vor binele vor de fapt să fim răi. Ce gând urât să credem că cineva și-a bătut joc de noi atunci când acest lucru nu este adevărat. Să suferim și să îi rănim ori să îi încărcăm și pe cei din jur cu dramatizarea și nerecunoștința noastră.

Există totuși cazuri de parteneri abuzivi. Chiar și atunci, deși abuzul nu este scuzabil, un partener agresiv verbal sau fizic probabil că suferă, că nu îi este bine lângă noi. Nevoi vitale neîmplinite sau încălcate, chimie inversă (antipatie) etc. Pentru că altfel i-ar râde inima lângă noi. Așa că poate este mai sufletește pentru amândoi să nu ne mai agățăm de el/ea ci să îi mulțumim pentru tot ce a putut oferi frumos și să ne luăm rămas bun.

Două fete amețite râzând pe stradă

Eram la plimbare pe stradă cu o tânără. A doua întâlnire. În fața noastră la ceva distanță două adolescente râdeau și își făceau fotografii împreună cu telefonul. Păreau puțin euforice Poate băuseră ceva sau poate erau doar erau ludice. În timp ce ne apropiam, un automobil cu patru băieți a oprit lângă ele. Au făcut schimb de glume și zâmbete iar apoi băieții au plecat. Tânăra care era lângă mine mi-a spus: "Am o nepoțică de șase ani pe care o iubesc mult. Sper să nu ajungă ca fetele acestea, aș simți dezgust."

M-a întristat gândul acesta al ei. Eu nu am văzut în această scenă pe nimeni abuzând pe cineva sau fiind abuzat. Am văzut oameni oferindu-și lor înșiși și celorlalți ce aveau mai frumos: zâmbete și cuvinte frumoase. Ce frumos. Singura persoană abuzivă și morocănoasă era femeia de lângă mine care gândea că cei diferiți de noi trebuie disprețuiți.

I-am explicat că poate fi periculos pentru acele fete ca ea să facă o afirmație intolerantă. Credea că ce gândește ea nu le afectează în niciun fel deoarece am auzit doar eu. I-am explicat că dacă aș fi un om violent și influențabil, le-aș putea întâlni noaptea singure pe stradă sau singure în autobuz după ce am auzit de la ea că ceea ce fac acele fete este dezgustător. Aș putea să le agresez verbal sau să le mutilez în bătaie sau chiar mai rău - din cauza a ceea ce a spus ea.

Deci printr-o afirmație ce pare nevinovată putem contribui la abuzul asupra unor ființe. Putem contribui la o lume mai intolerantă, mai nesigură, mai agresivă. Ce trist să ne oferim nouă înșine și celor din jur ce avem mai urât.

Gânduri Mai Profunde

Cușca De Aur. Gelozia

Dacă iubim o ființă ne dorim să îi fie bine, să o știm în siguranță, sănătoasă și fericită.

Însă dacă ținem un iepuraș într-o cușcă de aur, îl hrănim cu cele mai bune grăunțe și îl ducem la cel mai bun veterinar, nu înseamnă în mod implicit că iubim iepurașul. Mai degrabă iubim cum ne face să ne simțim, serviciile "prestate" de el (vezi secțiunea „Ce este iubirea").

Așa cum iubim și banii. Când spunem că iubim banii nu iubim binele lor ci serviciile pe care ni le oferă. Sau când iubim o persoană care face sex ca în filme.

Dacă am iubi sufletul acela (iepurașul, de exemplu), l-am elibera din cușcă. Un suflet în captivitate este un lucru trist la orice specie ne-am referi. Atunci când ne imaginăm zâmbetul în ochișorii lui alergând prin poieniță, este empatie, compasiune, ca bucuria din inima lui să ne umple și nouă inima de fericire. Pentru că îl iubim sincer iar binele lui este ce ne dorim pentru el.

Dar nu îl eliberăm. De ce? Din egoism, pentru că iubim cum ne face să ne simțim. Îl vom disprețui dacă va fi fericit în altă cușcă sau țopăind printre floricelele altcuiva. Vom disprețui alte persoane cărora le pasă de el și îi sar în ajutor sau îl mângâie. Vom suferi când ni-l vom imagina fericit. Vom suferi pentru că de fapt iubim cum iepurașul ne face să ne simțim, nu iubim iepurașul, binele lui.

Observați ce ne îndoctrinează societatea începând din copilărie? Să fim egoiști, să dușmănim, să suferim.

Dacă iubim un cățel nu suferim în general dacă îl mângâie tot satul. Nu suferim dacă tot satul îi vrea binele și îl știm în siguranță chiar și când nu putem fi lângă el. Dimpotrivă.

Totuși, în privința oamenilor avem în cultură și mulți din noi în instinct să dușmănim și să suferim dacă sunt fericiți și lângă altcineva. Și facem asta nu doar cu partenerii noștri dar și cu prietenii. Unii parteneri sunt amenințați, loviți, șantajați ori sabotați ca să nu plece sau să nu poată pleca din relație. Chiar să nu mai aibă unde pleca. Genul acesta de gânduri și comportament pare mai degrabă o parte din definiția egoismului și chiar abuzului, nu-i așa? Deși ascundem toxicitatea in spatele unor cuvinte care sună nobil - de exemplu *iubire* și *sentimente*.

Este greu de înțeles că avem capacitatea de a dușmăni faptul că o ființă primește un zâmbet sau o îmbrățișare. Că putem să disprețuim binele unei persoane străine sau dragi. Și că putem să disprețuim pe cei care îi vor binele în loc să le mulțumim și să îi considerăm aliați nu dușmani. Vă dați seama cât de egoiști și dușmănoși suntem? Și chiar numim asta iubire, ni se pare nobil. Ascundem egoismul, răutatea și dependența noastră de ceilalți în spatele unor cuvinte care sună nobil: iubire și sentimente.

Suferim din egoism și răutate. Și totuși ni se pare că victimele suntem noi.

Literele mici

Am reflectat la aceste adevăruri incomode ani de zile. Iar acum încerc să explic ceea ce poate fi numit idei progresiste de unii și poate "inacceptabile" pentru alții. M-aș bucura totuși ca măcar să dea de gândit.

Nu vreau să spun că încurajez „libertinajul" deși asta nu înseamnă că abuzăm pe cineva. Mesajul pe care încerc să îl transmit este că nu este ok să dușmănim, să disprețuim și să suferim cu logica, adică prin modul în care interpretăm experiențele.

Este adevărat că instinctual este mai greu să nu suferim, mai ales că unele instincte vin din natură iar altele sunt insuflate de cei din jur (cultural) timp de zeci de ani și probabil va dura încă zeci de ani să le putem diminua. Încerc de asemenea să transmit că nu este umană ideea de proprietate asupra unei ființe, mai ales după ce am convins pe cineva să semneze unele acte pe care le interpretăm a fi titluri de proprietate.

Secerăm Mânuțele Care Îi Susțin Pe Cei Dragi

Într-o zi am aflat că femeia pe care o iubeam descoperise că avea cancer. Ni se despărțiseră drumurile vieții recent. Nu puteam fi lângă ea datorită distanței și pentru a respecta dorința ei expresă de a nu îmi întrerupe studiile. Probabil avea de asemenea nevoie de spațiu în acele momente grele.

Eram devastat, tremuram de emoție. M-a surprins să observ la mine că îmi doream din acel moment ca ea să fi fost iubită de zece bărbați nu doar unul, dacă asta ar fi ajutat cu ceva. Să fi fost zece bărbați acolo lângă ea să o încurajeze, să o ajute cu treburile casei atunci când nu mai avea energie, să o însoțească de mânuță la clinică, să o sprijine cu bani, să îi facă orice plăcere romantică sau sexuală dacă asta ar fi ajutat-o să uite de durere și teamă. Nu mă mai afecta negativ dacă ținea în brațe pe altcineva, îmi doream să fie bine și atât, orice ar fi însemnat asta.

Mi-am imaginat ani de zile suferința emoțională și fizică prin care probabil trecea. A fost foarte greu pentru mine. Îmi doream să fie cât mai mulți cei care îi puteau fi alături și îi făceau bine, indiferent de sex sau specie. În momentul în care am avut aceste gânduri despre care nu auzisem înainte și pe care nu le simțisem înainte, mi-am dat seama, ca o revelație a vieții, că ceea ce numim iubire romantică în general nu este despre binele celuilalt ci despre noi și interesele noastre.

Genul de iubire pe care suntem îndoctrinați să o practicăm nu este chiar așa altruistă cum pretinde ci predispune la dușmănie și suferință și la a dori mai puțin pentru cei dragi. Ca de exemplu când cineva nu este de acord ca partenerul să facă o facultate ca să nu se schimbe și să îl piardă, deși schimbarea este în bine pentru persoana iubită.

"Iubirea" aceasta este pătată de nesiguranța noastră, egoismul nostru. Iar de multe ori "iubirea" aceasta este de fapt dependența noastră de următoarea doză de atenție și afecțiune, dependență care este aproape identică cu dependența de droguri. De multe ori întreruperea "iubirii" poate fi descrisă aproape perfect copiind dintr-o carte simptomele și comportamentul din timpul sevrajului de droguri. Multe aspecte distructive pentru sine și ceilalți, ajungând până la a nu ne mai interesa de binele celorlalți și chiar de binele nostru.

M-am simțit norocos că îi doream binele acestei femei.

Am înțeles de cât de mult contează orice ființă care îmi dorește binele sau le dorește binele celor dragi mie.

Și totuși, în general în relațiile romantice și chiar și în cele de prietenie, îi dușmănim, îi îndepărtăm, îi sabotăm pe cei ce le vor binele celor dragi. Îi sabotăm în acest fel însuși pe cei dragi nouă. Câteodată aș întreba un partener gelos, posesiv: "De ce ai venit în viața mea? Ca să o faci mai puțin bogată? Să mă faci mai slab, mai neajutorat, mai izolat, mai vulnerabil? Să mă intimidezi și să mă încorsetezi? Să îi rănești și să îi slăbești pe oamenii cărora le vreau binele? Și pe cei cărora le pasă de mine?"

Înțelegem de asemenea ce trist este când pentru a primi următoarea "doză" de atenție acceptăm să ne abandonăm identitatea și pe cei dragi sau pe cei care ne vor binele. Ne putem întreba cu sinceritate ce spune aceasta despre partener, despre noi înșine și despre relația în care suntem. În unele cazuri pentru următoarea "doză" chiar acceptăm să fim abuzați sau să ne lăsăm chiar copiii pradă abuzului.

Civilizație înseamnă empatie

Un antropolog pe nume Margaret Mead a afirmat că cea mai veche dovadă a începutului civilizației este un femur uman rupt și vindecat. Timp de șase săptămâni cât durează vindecarea osului, acel om nu a putut vâna și culege singur și nu se putea apăra SINGUR. Deci ar fi murit înainte de vindecare. S-a vindecat pentru că a reușit să trăiască cele șase săptămâni datorită ajutorului primit de la cei care ii doreau binele. A fost hrănit și protejat de suflete frumoase. Mead a spus că acolo unde funcționează legea junglei nu vom găsi femururi vindecate.

Empatia și afecțiunea sunt unele din cele mai constructive și mai benefice puteri cu care au fost înzestrate ființele. Acolo unde există empatie și colaborare există **prosperitate.** *Sabotajul și indiferența aduc în general sărăcie și vulnerabilitate în comunitățile care le cultivă.*

Exemple
Coșmarul

O parteneră din trecutul recent găsise de puțin timp un partener posesiv. Ea s-a supus în mare parte condițiilor izolaționiste ale acestui bărbat și ca urmare prietenia frumoasă cu care rămăsesem amândoi s-a întrerupt ori nu s-a mai putut manifesta. Orașul în care locuiește ea este și orașul copilăriei mele și încă îl mai vizitez câteodată.

Într-o noapte la ceva timp după ce ne-am separat am visat că eu eram la un eveniment frumos într-o localitate înconjurată de pădure la douăzeci de kilometri distanță de oraș. Pe seară a început să ningă și am decis să plec spre casă. În timp ce mă îndreptam spre ieșirea clădirii am văzut-o în hol pe ea într-un grup de cunoștințe comune.
Știam că avea automobil și ar fi fost de mare ajutor să merg cu

ea spre casă. Însă m-am gândit că poate iubitul posesiv era pe aproape sau că cineva din grupul în care era o putea „denunța". Am decis să nu o abordez știind cât era de important pentru ea acel bărbat și că fusese de acord să întrerupă orice comunicare cu mine.
Am ieșit afară și am urcat într-un microbuz cu destinația către oraș.

Cu privirea în telefon au trecut douăzeci de minute și am început să mă întreb de ce suntem pe câmpuri acoperite de zăpadă în loc să fim deja pe o stradă principală către oraș. Am aflat de la cei din microbuz că nu ne îndreptam către oraș ci către altă localitate izolată. Urcasem în microbuzul greșit. Am coborât la prima stație într-un sătuc. Ningea, era zăpadă peste tot în jur și se lăsase întunericul. Eu urăsc din suflet să îmi fie frig sau foame. Am întrebat când ajunge următorul autobuz către oraș și mi s-a spus că doar a doua zi dimineață.

M-am trezit din acest vis cu senzația de îngrijorare. De asemenea cu durere în suflet pe care o simt și acum când mă gândesc la această situație care în realitate putea fi și mai gravă. Un suflet care pretinsese că sunt foarte important pentru ea acceptase să nu mai aibă voie să știe dacă sunt bine și să rupă orice legătură cu mine. Iar un alt om, partenerul ei, probabil purta dușmănie față de mine, adică dușmănie față de una din persoanele care îi voiau binele acestei femei. Nu doar că o puteam ajuta într-un moment grav, dar chiar poate aveam și eu vreodată nevoie de ajutor.

Observați cum le interzicem celor dragi să le sară în ajutor celor de care le pasă, chiar să fie alături familiei câteodată.

Mai mult de atât, de multe ori secerăm mânuțele care îi susțin pe cei dragi nouă. Și numim asta iubire când de fapt este mai aproape de noțiunile de sabotaj și toxicitate.

Ce existență tristă mânată de lăcomie și nesiguranță. Singuri și slabi, predispuși să suferim și să fim agresivi. Trăind totuși cu impresia că suntem mai puternici și mai în siguranță așa, adică ignorând principiile de bază ale civilizației și compasiunii.

Tumora pe creier

O tânără află într-o zi că are o tumoră pe creier care trebuie operată în maxim trei săptămâni. Intervenția costă cât salariul ei pe un an de zile. Este posibil ca ea împreună cu partenerul ei să nu aibă această sumă mai ales atât de urgent. Sau este posibil ca el să nu își dorească să contribuie cu o sumă atât de mare a cărei reușită nu este garantată.

Putem înțelege cât de importante sunt în acele momente orice ființe care îi vor binele femeii. Și nu neapărat persoane cu situație financiară. Fiecare ființă poate contribui cu ceva: o încurajare, o idee, un drum la magazin in zilele de extenuare, o "pilă" etc.

Soția răzbunătoare

Undeva un preot și soția sa aveau doi copii. La un moment dat soția a aflat că el avea o relație extraconjugală. În țara în care locuiesc cei doi dacă un preot are relații extraconjugale poate fi excomunicat (concediat pe viață). Femeia s-a răzbunat pe soț reclamându-l autorităților bisericești. Vă dați seama ce a făcut soția cu adevărat? A încercat să îl distrugă pe tatăl copiilor ei. Chiar și dacă ar fi fost divorțați, acest om este pe viață tatăl copiilor amândurora. Cândva le va fi sprijin la greu și cândva le va lăsa o moștenire. Dacă omul acesta este mai slab așa va fi și ajutorul pe care îl va putea oferi copiilor amândurora sau moștenirea pe care le-o va putea lăsa. Iar faptul că ea a apelat deja la sabotaj, răzbunare, ne poate face să credem că va încerca probabil să îl denigreze pe bărbat și să îl îndepărteze din viața copiilor chiar dacă asta ar însemna că ei vor fi mai singuri și mai puțin sprijiniți... chiar dacă tensiunea dintre ei îi va afecta pe copii emoțional și financiar. Admir partenerii divorțați care își sunt în continuare prieteni.

Fostul soț, fosta soție

Oare am sabotat vreodată ori am putea să sabotăm relația de prietenie a partenerului nostru cu fosta soție sau fostul soț care este în același timp părinte copiilor celor doi? Dacă am face asta nu ar însemna oare că am intrat în viața acestui suflet ca să îl slăbim, să îi sabotăm existența lui și celor dragi lui pentru nesiguranța și egoismul nostru? În consecință nu am putea fi numiți parteneri toxici. Nu ar însemna oare că justificăm sabotarea unor vieți sau că ascundem devastarea în spatele unor cuvinte care sună nobil cum ar fi *sentimente, coloană vertebrală, loialitate*?

DESPRE TRĂDARE.
Partenerul m-a înșelat

Un amic mi-a spus că acum mulți ani a aflat că iubita îl înșela cu alt bărbat. S-a năpustit asupra ei cu multe cuvinte de furie și dispreț deși ea spunea că îl iubește și nu vrea să îl piardă. Apoi s-au despărțit. El îmi spunea că a condamnat-o și a disprețuit-o ani de zile.

Amicul meu a devenit mai târziu relationship coach adică mediator de relații. Prin clienții săi a început să ia cunoștință de experiențe similare cu a lui și a fostei partenere. Mi-a împărtășit că a început să vadă din altă perspectivă "trădarea" fostei partenere și înțelege acum că ea nu a vrut să îi facă rău. Nu a plecat la celălalt bărbat ca să îi facă rău lui. Și nu l-a mințit ca să îi facă rău. Probabil că a încercat să facă cumva să fie bine pentru toți cei implicați. Nu a putut să gândească o soluție mai bună pentru situația în care era și cu experiența de viață pe care o avea. Poate a crezut că el va reacționa urât și ar răni-o. Chiar și un copil inocent poate minți atunci când îi este teamă de reacția noastră.

Este probabil și că poate ea nu a vrut să îl rănească într-un moment care îi putea afecta studiile sau cariera. Sau poate nu a putut să își imagineze viața fără el însă nici numai lângă el. Poate nu a avut destulă încredere să îi împărtășească ceva ce poate ar fi rezultat în scandal și despărțire. Sunt atâtea posibilități prin care ea nu a vrut să îi facă rău însă nu a știut mai bine sau nu a avut mai multă putere. De asemenea el înțelege că alegerea ei nu a fost despre ce era defect în el, ci despre nevoile ei care în unele aspecte erau diferite de ale lui.

Când ne spunem povești frumoase despre oameni și situații suferim mai puțin și îi rănim mai puțin pe cei dragi sau cei din jurul nostru.

Colega de serviciu

O femeie, directoare a unei bănci, îmi spunea că a fost înșelată de soț cu o colegă a lui de serviciu. Soția a făcut un mare scandal urmat de despărțire. "Un om dezgustător" spunea ea acum despre el. O femeie profund afectată și încă furioasă și nefericită după aproape cincisprezece ani de la eveniment.

Am întrebat-o dacă soțul ar fi putut să îi destăinuie că exista o colegă de serviciu care îi făcea avansuri și de care era atras. Să îi destăinuie partenerei sale "la bine și la rău" încercarea și frământarea lui. O încercare la care el probabil s-a gândit de multe ori cu îngrijorare. Femeia mi-a spus că dacă el i-ar fi împărtășit așa ceva l-ar fi lovit imediat în cap cu primul obiect care îi venea la îndemână.

Probabil alte persoane ar crea tensiuni și scene similare ori chiar ar pleca de la domiciliul conjugal sau l-ar arunca pe celălalt în stradă. Observați cum de multe ori ne considerăm victime când suntem de fapt agresori. Trădarea nu este un subiect simplu. Pentru mine într-o relație sunt amândoi suflete. Iar constrângerile legate de regulile sociale și de reacțiile tensionate ale celuilalt împing de multe ori la aceste moduri prin care oamenii încearcă nu doar să împlinească niște nevoi vitale ci în același timp să se protejeze sau chiar să îi protejeze pe cei dragi. Cum spunea amicul meu: "nu cred că ea a plecat de acasă gândind cum să îmi facă rău".

Cum să nu îi rănim pe cei dragi

Să Nu Criticăm Pe Cei Ce Sunt Importanți Persoanei Dragi

Într-o relație anterioară îmi displăcea foarte mult comportamentul fiicei partenerei mele. Îi vorbeam partenerei urât despre fiica ei în mod frecvent. Desigur că au apărut "înțepături" sau certuri între mine și parteneră de multe ori pe această temă. Și cred că cu cât mă contrazicea mai mult, cu atât mai mult mă provoca să îi demonstrez că am dreptate în privința fiicei, și cu atât mai înțepătoare argumentele mele critice la adresa fiicei. Într-o zi în care eram bine amândoi am avut un moment minunat de afecțiune, conexiune sufletească, comunicare empatică. În acest moment în care a simțit cât de mult îmi pasă de ea, partenera m-a rugat să nu îi mai vorbesc de rău fiica pentru că doare profund: „Îmi cunosc fiica, știu că nu este perfectă dar este copilul meu. Și atunci când vorbești urât despre ea mă rănești pe mine".

Atunci am înțeles. Nu mi-a mai trebuit niciun alt argument. Nu doream să îmi rănesc persoana dragă.

Într-O Relație Bolnavă Sunt Două Persoane Bolnave

Să presupunem că Victor este agresiv verbal sau fizic față de Maria. Pot exista mai multe cauze dintre care unele de sănătate mintală. Însă probabil în majoritatea cazurilor Victor este agresiv datorită frustrării create de nevoi vitale neîmplinite sau încălcate. Este de asemenea probabil că a ajuns să simtă repulsie față de Maria, ceea ce este altă nevoie neîmplinită sau încălcată, adică nevoia de a nu fi lângă cineva care îi provoacă repulsie, față de care simte o chimie în opoziție. Putem presupune că lui Victor nu îi este bine în acea relație, lângă acea persoană. Este o situație tristă pentru care probabil Victor în loc să plece își revarsă frustrarea pe Maria într-un mod **inacceptabil**, adică prin abuz.

Maria, ținta agresivității, ar putea pleca chiar atunci din relație dacă ar ști că abuzul este inacceptabil și dacă ar realiza și i-ar păsa că lui Victor nu îi este bine lângă ea și de asemenea că nu este bine nici ea lângă el. Două suflete care suferă pentru că nu sunt compatibile. Probabil că Victor ar intra în casă zâmbitor și i s-ar umple inima de bucurie lângă altă parteneră cu care se potrivește mai mult în nevoi și față de care simte mai multă chimie.

În schimb amândoi aleg să stea într-o relație în care suferă amândoi. Putem numi acest gen de relație o relație bolnavă. Și putem presupune că victimele agresivității verbale și fizice care nu pleacă din acea relație ani de zile, în cazurile în care nu sunt constrânse direct sau indirect, poate o fac și pentru că nu înțeleg sau nu le pasă că nici partenerul nu este bine lângă ele. Și probabil nu le pasă de ajuns nici de ele însele văzând că nu sunt bine. Vorbeam mai devreme despre iubirea echivalentă cu dependența de droguri. Unele droguri sunt atât de distructive încât nu se poate descrie in cuvinte. Însă, deși conștienți de devastare și martori la auto-distrugere, mulți din utilizatori nu reușesc să se oprească. Dependența de următoarea doză poate fi mai importantă decât însăși supraviețuirea.

Nu îmi doresc să justific abuzul. Îmi face rău numai ideea de abuz. Doar încerc să ofer o perspectivă în care doi oameni nu realizează ce se întâmplă și se agață unul de celălalt deși relația nu face bine niciunuia, deși nevoile lor vitale sunt în opoziție sau sunt neîmplinite cronic și este doar o chestiune de timp până la furie pe celălalt sau pe sine, până la depresie ori alte efecte ale acestei dureri intense și cronice.

Viața este plină de nuanțe. Nu vreau să generalizez. Exemplul dat este o nuanță din atâtea posibile. Iar atunci când criticăm un partener "nedrept" într-o relație de durată, vorbim de fapt urât despre noi înșine. Pentru că noi suntem parte de mult timp din acea relație bolnavă care nu ar putea începe sau nu ar putea continua mai mult de câteva minute sau zile atunci când unul din parteneri este echilibrat, are stimă de sine și nu acceptă acel gen de relație. Pentru că acelui partener echilibrat îi pasă de sine și poate și de celălalt și înțelege că nu sunt compatibili. Acel partener nu este dependent de următoarea "doză" dacă acea doză este toxică pentru unul din ei.

"Încerc să înțeleg de ce face așa"
Un bărbat vorbea urât despre partenera lui în mod frecvent. Una din plângeri era despre inconsistența sentimentelor ei față de el. Într-o zi îi spunea că îl iubește și nu poate sta fără el iar a doua zi îl bloca. Bărbatul continua de mai mult timp să fie în această relație care îi făcea rău. În acest timp căuta explicații

patologice pentru comportamentul femeii și o denigra cunoscuților. Nici bărbatul nu era "ușă de biserică" după cum observați, ceea ce adâncea distanța dintre ei.

Faptul că femeia este diferită de el în afectivitate nu trebuie să fie un defect sau patologie, este doar o diferență. De asemenea ea are dreptul să simtă azi și să nu mai simtă mâine, nu este un angajat sau posesie. Faptul că el continuă să fie în acea relație în care el se simte rău pentru că este în opoziție cu nevoile lui, spune ceva și despre stima lui de sine scăzută. Faptul că încearcă să o manipuleze și o denigrează este un abuz. Observăm cum vorbind urât despre un partener și despre relația nepotrivită și de lungă durată, vorbim de fapt urât despre noi. Pentru că noi alegem să fim parte din acea relație bolnavă. Nu prea mai contează de ce acea femeie se comportă sau simte așa. O relație bolnavă nu poate continua fără două persoane bolnave pentru că partea echilibrată ar pune stop relației nepotrivite.

Comunicare La Următorul Nivel

Să Evităm Afirmațiile Categorice

Când facem o afirmație este posibil să ne înșelăm chiar și atunci când suntem siguri că avem dreptate. De aceea este mai bine să nu facem afirmații care nu lasă loc de probabilitate.

De exemplu, să presupunem că o persoană a făcut o afirmație considerată rasistă pe stradă. Am putea spune că această persoană este rasistă. Și totuși, dacă spunem că acest om este rasist ne-am putea înșela. Poate fi un ziarist care vrea să vadă reacția publicului. Sau poate omul acesta este șantajat ori angajat să facă aceste afirmații. Ori acest om ne poate da în judecată pentru calomnie și poate va reuși să câștige. De aceea este mai corect să spunem că se pare că acest om este rasist. Sau că acest om se prezintă celorlalți ca fiind o persoană rasistă. Sau face afirmații considerate de mulți a fi rasiste. Ori credem că este rasist.

Încă un exemplu: câteva computere server foarte importante de la banca unde lucrează Victor s-au stins din senin și nu mai pornesc. Această situație împiedică clienții băncii să facă tranzacții. Victor este directorul băncii și spune presei că vina este a companiei de mentenanță informatică pentru că a făcut operațiuni de rutină pe servere cu doar câteva ore în urmă.

Compania de mentenanță se simte ofensată și dă în judecată banca pentru acuzații nefondate, pentru afectarea imaginii și pentru daunele financiare provocate de pierderea mai multor clienți importanți. Dacă banca va pierde acest proces va pierde foarte mulți bani în daune. Asta datorită unor simple cuvinte așezate neatent într-o afirmație. Directorul băncii ar fi putut spune: "Din ce știm până acum serverele s-au stins la câteva ore după ce au fost efectuate lucrări de întreținere de către o companie de mentenanță. Momentan investigăm ce s-a întâmplat în timpul operațiunilor de întreținere și alte cauze posibile." Probabil că mulți din cititorii acestei cărți ar putea reformula aceste afirmații mult mai bine.

Folosind afirmații non-categorice se reduce posibilitatea de a greși, se reduce posibilitatea de a suporta efectele financiare sau emoționale ale unei greșeli și se reduce probabilitatea de a face rău unor persoane sau entități nevinovate.

Exemple de reformulare

„Marian a stricat laptopul"
„Este posibil că Marian a stricat laptopul"
(poate a fost doar o coincidență)

„Este rândul Mariei"
„Se pare că este rândul Mariei"

„Tazbekistan nu are bombe atomice"
„Din câte cunosc eu nu există informații și nu se speculează că Tazbekistan *(o țară fictivă)* ar avea bombe atomice"

„Prezentarea a fost fantastică"
„Mi-a plăcut enorm această prezentare și cred că sunt mulți de aceeași părere"

„*Eu gătesc excelent*"
„*Îmi place să cred că gătesc bine*"
„*Mi s-a spus că gătesc excelent*"

„*Dinții vor fi mai albi cu trei nuanțe*"
„*Dinții ar trebui să devină mai albi cu trei nuanțe*"

„*Nu ești niciodată disponibil*"
„*Nu ai fost disponibil în ultima săptămână*"
„*Nu am văzut răspuns de la tine de câte ori ți-am scris*"
(poate răspunsul a ajuns in spam)

„*Te las aici*"
„*Este ok dacă te las aici?*„

„*Tazbekistan este o dictatură*"
„*Tazbekistan este descris în mod frecvent ca fiind un regim autoritar*"
„*Conform organizației non-guvernamentale Human Rights Watch, Tazbekistan este o dictatură*"

Să Evităm Cuvintele Dure, Intransigente, Intolerante

Cuvintele sau afirmațiile dure pot fi neplăcute la auz și pot de asemenea să exprime agresivitate, intoleranță. Putem să fim percepuți ca fiind persoane negative sau agresive. Vedeți postarea „Avantajele de a fi pozitiv".

Iată câteva exemple de afirmații dure, intransigente, neplăcute, chiar agresive. Și de asemenea unele variante mai ușor de acceptat.

> Exemple de reformulare
> „*Alea două sunt niște scârbe*"
> „Comportamentul lor lasă de dorit"
>
> „*Dansul este pierdere de timp*"
> „Nu sunt pasionat de dans"
>
> „*Filmul acesta este o mizerie*"
> „Filmul acesta nu m-a atras în mod deosebit"
>
> „*Bărbații sunt niște nenorociți*"
> „Am avut conflicte cu câțiva bărbați."
>
> „*Politicienii sunt niște escroci*"
> „Mulți din politicieni nu sunt de încredere"
>
> „*Mi-e scârbă de profilurile de dating ale bărbaților căsătoriți*"
> „Este important pentru mine ca bărbatul să fie necăsătorit"

Să Evităm Folosirea Cuvintelor „Dar" și „Totuși"

Se pare că de multe ori cuvintele „*dar*" sau "*totuși*" anulează ceea ce am spus înainte de a le folosi.

Iată un exemplu: „*Te admir mult dar...*"
Observați că suntem tentați să ignorăm ce s-a spus înainte de „*dar*". Atenția se îndreaptă cu nerăbdare asupra a ceea ce ar putea să spună negativ în continuare. Probabil că persoana a intenționat să spună în principal că ne admiră, însă efectul a fost mai degrabă invers.

Putem găsi alternative pentru a evita folosirea cuvântului „dar". De exemplu putem împărți fraza în două propoziții. Sau am putea folosi „*cu toate că*", „*în ciuda faptului că*". Alternativele probabil sunt mult mai multe.

Să Evităm Folosirea Cuvântului „Nu"

Cuvântul "nu" este folosit în mod frecvent pentru refuz, respingere sau agresivitate pasivă. În consecință poate avea o încărcătură emoțională neplăcută chiar și atunci când nu intenționează să fie negativ. Este oarecum dur, abrupt să auzim cuvântul „nu".

Dacă la întrebarea "Vrei și tu o ciocolată caldă?" răspundem cu un simplu "NU" există riscul ca tonul nostru să sune dur sau ca și cum am fi fost deranjați. Asta în special dacă avem o voce mai puternică, mai hotărâtă, un chip mai serios sau poate persoana este dintr-o cultură în care cuvântul "nu" este folosit rar și este perceput mai abrupt auditiv și emoțional.

În schimb dacă răspundem "sunt bine, mulțumesc", observați cum am înlocuit un cuvânt dur și negativ cu două afirmații pozitive și mai ușor de recepționat.

La întrebarea "îți place cum am preparat salata?" ori "Îți place salata mea?" este și mai ușor de înțeles cum răspunsul "NU" poate cauza încordare fără cea mai mică intenție.

Prin urmare, în cazurile în care nu avem nevoie să transmitem un „nu" hotărât este mai plăcut sau mai puțin dur să înlocuim "nu" cu expresii alternative.

O formă năstrușnică de utilizare
Victor încearcă să nu folosească niciodată cuvântul *"nu"*.

Managerul: "- Ai terminat ce aveai de făcut?"
Victor: "- Yes, I didn't" ("Da, nu am terminat").

Exemple de reformulare
"Nu îmi place cum mă săruți"
„Îmi plac mult/prefer sărutările tandre"

"Nu acolo"
„Un pic mai la dreapta"

Metoda Sandviș

Mai devreme spuneam că este de preferat să evităm negativitatea. Câteodată este totuși necesar să spunem ceva negativ. Însă și această afirmație neplăcută ar putea fi făcută mai ușor de recepționat.

Una din metodele frecvent folosite este *metoda sandviș*. Dacă avem de comunicat ceva negativ este de multe ori mai ușor de recepționat pentru celălalt dacă îmbrăcăm afirmația într-un înveliș dulce așa cum se poate face cu o pastilă amară. Putem începe și sfârși comunicarea cu câte o afirmație frumoasă iar partea negativă să o așezăm între cele două părți pentru a îndulci impactul inițial și cuvintele care rămân spuse ultimele.

Exemplu

Începe un refuz cu mulțumesc

În loc să spunem „Aplicația dumneavoastră a fost respinsă" putem spune „Vă mulțumim pentru timpul investit în a ne prezenta aplicația. Am observat că este o aplicație complexă și matură. Felicitări. După o evaluare amănunțită am ajuns la concluzia că nu se potrivește exact cu activitatea noastră. Există totuși posibilitatea să luăm în considerare această aplicație anul viitor când ne vom diversifica activitatea."

Desigur sunt multe variante posibile de răspuns mai pozitiv. Observați cât de frumos menajează emoțiile celui care va primi această veste. Lăsăm un om mai senin după interacțiunea cu noi pentru el, pentru cei dragi lui și pentru ceilalți din jurul său. De asemenea acest mod de comunicare contribuie la felul în care este percepută persoana sau compania noastră.

Provocare

Găsiți ceva frumos de spus despre un sport non-violent care nu vă place. De exemplu: puteți începe cu faptul că este frumos că păstrează tradițiile.

Să Evităm Să Dăm Comenzi Celor Din Jur

Suntem născuți liberi și ne dorim ca acțiunile noastre să fie alegerea noastră liberă, nu impuse de altcineva.

Chiar și un angajat este în general liber prin lege să nu facă ceva ce nu dorește. Adică ar putea fi concediat sau penalizat dar nu poate fi forțat să își îndeplinească îndatoririle profesionale.

Dacă vom ține cont în gândire de libertatea celor din jur și dorința lor de autodeterminare, atunci modul de a ne exprima va reflecta mult mai clar că lăsăm liber arbitru celorlalți. În loc să spunem „Porniți motorul acum" am putea spune „Acum aș avea nevoie să porniți motorul". O nuanță de limbaj care poate transforma o comandă într-o alegere. Nu va mai părea că impunem, nu mai este o comandă ci o dorință. Un alt avantaj al acestui mod de comunicare este că le poate oferi celorlalți sentimentul plăcut că dăruiesc în loc să simtă că le este luat.

Exemple de reformulare
„Vezi că lipsește ultima pagină. Aștept să o trimiți"
„Super, mulțumesc mult. Pare că lipsește ultima pagină. Ar fi minunat dacă aș avea-o și pe aceea"

„*Spune-mi când ești liber săptămâna viitoare ca să ne întâlnim*"
„Am putea să ne întâlnim săptămâna viitoare dacă eşti de acord. În cazul acesta m-ar ajuta să știu când ești liber"

„*Este foarte frig acolo. Îmbracă-te bine*"
„Acolo este mai frig. Poate o să îți dorești să fii îmbrăcată mai călduros"

„*Sună-mă la șapte*"
„Eu sunt disponibil la șapte dacă vrei să mă suni"

„*Vino aici*"
„Vrei să vii până aici?"

„Vorbește tu cu următorul client după ce termini, te rog"
„Ai putea să vorbești tu cu domnul după ce termini?"

„*Fă-te și tu blondă!*"
„Cred că ți-ar sta bine blondă"

„*Să mă anunți când ajungi acasă cu bine*"
„Mi-ar face bine să știu când ai ajuns acasă cu bine"

„*Spune-mi când ajungi ca să te iau de la gară*"
„Dacă îmi vei spune când ajungi te-aș putea lua de la gară"

Poate fi agresivă expresia „te rog"?

Când dorim ca o persoană să facă ceva, societatea ne învață că este necesar și politicos să adăugăm și expresia „te rog". Pentru mulți este o ofensă dacă nu respectăm acest tip de formulare. Uneori le impunem celorlalți ce să facă, însă ni se pare că este ok să le impunem dacă am adăugat comenzii expresia „te rog".

Expresia „te rog" devine ea în sine agresivă atunci când o folosim cu insistență în ciuda lipsei de consimțământ. Spre exemplu, cineva nu vrea să iasă în oraș cu mine. Însă eu insist în mod repetat folosind expresia „te rog". Putem înțelege aici că eu prin insistența mea nu respect lipsa celuilalt de consimțământ. Și totuși, cum spuneam și în secțiunea "ce este iubirea", de multe ori ascundem nereguli etice sau comportamentale în spatele unor cuvinte ce sună nobil.

Observăm cum „te rog" poate fi agresiv când încearcă să impună celorlalți nevoile noastre deși nu sunt bine primite. Nimeni nu are nicio obligație față de nevoile noastre, nici măcar angajații; chiar și ei au în general dreptul legal de a nu fi forțați să facă ce nu își doresc. Chiar dacă asta înseamnă că vor fi concediați.

Poate fi abuzivă grija ce o purtăm cuiva?

Nu demult am legat amiciție online cu o femeie mai în vârstă, imigrantă și vorbitoare fluentă de limba engleză. După câteva săptămâni de conversație frumoasă și inteligentă ne-am dorit să vizităm British Museum împreună. Doi oameni cu valori în comun.

Am înțeles de la ea că fiica ei îi interzicea să plece singură de acasă după care să ia un metrou câteva stații și să întâlnească un străin de pe internet. Nu avea încredere că nu se va rătăci și nu avea încredere că va fi în siguranță.

Această îngrijorare este de înțeles în general. Și probabil și mai de înțeles dacă mama nu ar fi vorbit limba engleză sau dacă ar fi avut o afecțiune cognitivă ori dacă ar fi întâlnit pe cineva noaptea sau într-un loc retras. În schimb dorea să iasă pentru a vizita un muzeu public și aglomerat într-unul din cele mai sigure orașe din lume, într-o țară care nu este cunoscută pentru conflicte armate sau răpiri. Își dorea să întâlnească o persoană pe care o cunoștea de câteva săptămâni, cu un profil social media transparent și care nu a cerut niciodată bani ci doar a împărtășit idei frumoase despre generozitate și seninătate.

Mai mult de atât, mama părea perfect coerentă, inteligentă, chiar spunea că avusese un business și făcea parte dintr-o organizație caritabilă căreia voia să îi înființeze o filială și în Londra. Grija fiicei care părea logică oarecum la început, a ajuns să mă îngrijoreze odată cu trecerea timpului. Îmi dădeam seama că nu era nimic în neregulă cu mama ci cu fiica.

Cineva care încerca să îşi impună nevoile şi fricile altei persoane. Cineva care controla cu egoism libertatea altei persoane sub pretexte ce sună nobil: iubire şi grijă.

De menţionat că mama era în mare parte de acord cu faptul că fiica îi controla viaţa "din prea multă iubire" pentru că aşa se procedează cu persoanele iubite în cultura ei. Desigur că afirmaţia despre cultură este o generalizare. Poate era doar o scuză după care să îşi ascundă identitatea şi alegerile personale ori după care să ascundă abuzul din partea fiicei. Acest subiect are tangenţă şi cu secţiunea "Te iubesc ca pe o şopârlă" şi "Cuşca de aur".

Dacă ajutăm pe cineva în prezent sau am ajutat pe cineva într-o perioadă foarte grea pentru acea persoană, nu înseamnă că avem dreptul să privăm persoana de libertate şi de liber arbitru asupra propriei existenţe.

Uneori putem deveni abuzivi faţă de cei dragi în încercarea noastră de a le impune ce credem noi că le face bine. Am considerat important să vorbesc despre acest subiect deoarece această carte are exact acest scop: să ne ajute să nu îi mai rănim pe cei dragi.

Alte exemple
„Lasă-te de băut! Nu vezi că te distrugi?"

„Ai mâncat? Mănâncă!"

„Dormi mai mult! Nu sunt de ajuns trei ore. Trebuie să dormi cel puţin şase ore pe noapte"

„Cum poţi să stai fără serviciu, nu vezi că te degradezi?"

Să Preferăm Să Ne Referim La Noi Nu La Ceilalți

Având experiența secțiunilor precedente trecem la un nivel superior de comunicare care nu ține atât de agresivitate sau intoleranță cât mai degrabă de nuanțe de amabilitate, menajare, empatie, corectitudine politică. Să presupunem că explicăm cuiva cum să facă un nod la cravată iar apoi întrebăm „*Înțelegi ce spun?*". Dacă răspunsul este „*nu*" ar putea să însemne fără intenție că persoana nu este de ajuns de inteligentă. Deci poate exista o nuanță neplăcută dacă ne referim la celălalt.

Am putea în schimb să formulăm întrebarea în așa fel încât să vorbească despre noi nu despre interlocutor:

- „are sens/logică ce spun eu?"
- „reușesc să mă fac înțeles?"

Acest mod de comunicare este asemănător cu cel învățat în secțiunea „comunicare fără răutate".

Exemplu de reformulare

„Descrierea meniului nu este clară"
„Nu înțeleg destul de bine meniul, ai putea să reformulezi?"

GÂNDURI DE ÎNCHEIERE

Este această carte pentru oricine?

Cineva spunea că pentru a gândi și simți în felul în care sugerează această carte ar trebui să fim profund altruiști, adică să ne pese de alții mai mult decât de noi înșine. Totuși nu este neapărat nevoie să fim altruiști. Ce încearcă această carte este să ne ajute să fim mai bine, să fim mai senini, nu să ne sacrificăm nevoile pentru a le împlini pe ale celorlalți. Să ne facem bine fără să le facem rău celorlalți și să facem bine altora fără să ne facem rău nouă.

Seninătatea este in primul rând despre noi, despre binele nostru emoțional care se traduce și în sănătate fizică îmbunătățită. Se traduce de asemenea în popularitate, să nu mai îndepărtam involuntar oamenii care ne vor binele, să nu mai fim singuri și slabi ci înconjurați de prieteni și persoane dragi care ne apreciază și ne vor binele, oameni care se simt norocoși că suntem in viața lor. Oamenii buni vor avea mai multe motive să fie atrași de noi și mai puține motive să ne evite.

De asemenea dacă noi suntem bine, dacă suntem mai senini, implicit sunt mai bine și mai în siguranță și cei din jurul nostru. Iar cum spuneam la un moment dat, este posibil ca și cineva fără empatie și compasiune să poată vedea avantajele de a trăi într-o lume mai senină, mai pașnică, mai sigură, atât pentru sine cât și pentru cei dragi, de exemplu familia. Colaborare versus conflicte și sabotaj.

Un nou „destin"

La un moment dat în viață este posibil să gândim că nu am avut noroc în viață de oameni buni și de parteneri buni sau nu am avut mai mult noroc în carieră. Câteodată totuși am ales să stăm lângă un agresor zeci de ani deși există atâția oameni minunați care ne vor binele. Ori poate nu am știut să îi recunoaștem pe oamenii buni sau nu am simțit chimie față de ei. Sau poate mulți din oamenii buni ne-au ocolit pentru că suntem abuzivi sau negativi. Însă după ce am citit această carte probabil suntem mai buni, de aceea vom putea recunoaște mai ușor oamenii senini iar ei ne vor observa la rândul lor pentru că "cine se aseamănă se adună" iar "păsările de același penaj zboară împreună".

Cum să nu îi rănim pe cei dragi

Un mesaj personal din partea autorului

Stimate cititorule, poate nu a fost totul pe înțeles sau poate am mai și greșit pe undeva. Mi-aș dori să pot ști acum ce voi ști peste zece ani. Am învățat și voi învăța din experiențe și ascultând gândurile altor oameni.

Impresii si sugestii

Mi-ar plăcea să aud și gândurile tale. Dacă vei avea plăcerea sau nevoia să le împărtășești, le aștept cu recunoștință pe formularul de contact de la adresa web

relationshipflorist.com/impresii

Poți de asemenea să scanezi codul QR alăturat, care te va duce către aceeași pagină fără să mai fie nevoie să tastezi adresa. De asemenea poți lăsa un comentariu public sau un mesaj privat pe pagina Facebook „*Cum să nu ii mai rănim pe cei dragi*".

Îți urez să te bucuri în liniște de **noua ta viață** alături de cei dragi și să fii înconjurat de oameni senini și toleranți.

Cu drag,

Adrian C

Printed in Great Britain
by Amazon

b7349d42-b601-44b6-843e-b71a7781e50bR01